简朴至真
精雕达理

我的教书育人手记

吴景惠 著

文汇出版社

图书在版编目(CIP)数据

简朴至真 精雕达理：我的教书育人手记/吴景惠著.—上海：文汇出版社,2020.10
 ISBN 978-7-5496-3323-4

Ⅰ.①简… Ⅱ.①吴… Ⅲ.①政治课—教学研究—中学 Ⅳ.①G633.202

中国版本图书馆CIP数据核字(2020)第174846号

简朴至真 精雕达理
——我的教书育人手记

作　　者 / 吴景惠
责任编辑 / 张　涛
封面装帧 / 梁业礼

出 版 人 / 周伯军

出版发行 / 文匯出版社
　　　　　上海市威海路755号　(邮政编码200041)

经　　销 / 全国新华书店
排　　版 / 南京展望文化发展有限公司
印刷装订 / 上海新文印刷厂

版　　次 / 2020年10月第1版
印　　次 / 2020年10月第1次印刷
开　　本 / 787×1092　1/16
字　　数 / 200千字
印　　张 / 12.25

ISBN 978-7-5496-3323-4
定　　价 / 50.00元

·版权所有　侵权必究·

目 录

开 篇

我的教育教学风格与特色 ·· 001

第一章 站立：育人为本

1. 挖掘课程育人的潜力 ··· 008
   中学哲学课程的育人价值淬炼 ·· 009
   学科育人导师的育人价值探析 ·· 015
   育人，生发于耳濡目染里 ··· 018
   成长，合力于同伴互助中 ··· 021
   育德，渗透于片纸书信间 ··· 023

2. 引导学生明辨的艺术 ··· 026
   党的阳光照耀我成长（节选） ·· 027
   理财，是一门功课 ··· 029

第二章 站稳：教书循律

1. 素质视域下的探索 ··· 032
   核心素养视域下高中财经素养校本课程新探 ··························· 033
   深度学习：让学科核心素养真实落地 ·································· 037
   指向法治素养培育的初中道德与法治教学初探 ························· 041

生活案例融入《道德与法治》教学的策略与实践 …………………… 044
　　新课程理念下思想政治课教学应注重"四新" …………………… 048
　　让教学之花在"空中"绽放 …………………… 051

2. 课堂领域中的深研 …………………………………………………… 054
　　"教师主导、学生主体"教学模式的有效构建 …………………… 055
　　精心设计板书　成就高效课堂 …………………………………… 059
　　课堂有效设问的策略 ……………………………………………… 063
　　基于生成之美的教学 ……………………………………………… 066
　　作业的优化设计策略 ……………………………………………… 070

3. 个性化教学的揣摩 …………………………………………………… 074
　　走在个性化教学的路上 …………………………………………… 075
　　微课在思政教学的个性化应用 …………………………………… 081
　　借助经济图表，训练逻辑思维 …………………………………… 084
　　"点拨"解开"问题链"的个性化辅导 …………………………… 088

第三章　站好：科研攻关

1. 攻关课题的破解之果 ………………………………………………… 092
　　"阶梯式磨课反思共同体"在教研组研修中的构建与实践（节选）…… 093
　　指向学生核心素养的教师发展研究（节选）……………………… 101
　　基于思想政治"生本课堂"构建的个性化校本研修的实践研究（节选）…… 109

2. 关键领域的创新改写 ………………………………………………… 111
　　创新视域下的思想政治课教学 …………………………………… 112
　　思想政治课教学的"四环节十六字" …………………………… 116
　　思想政治课的有效导入案例 ……………………………………… 118
　　"一例到底"案例教学法浅议 …………………………………… 121

第四章 站岗：跋涉升阶

1. 教学课例的集萃呈现 ·· 126
   《自由平等的追求》教学设计 ································ 127
   《当代国际关系中的合作与竞争》教学设计 ············ 137
   《凯恩斯革命》教学设计 ·· 145
   《唯物辩证法的发展观》教学设计 ·························· 150
   《新型工业化道路》教学设计 ································ 155
   《寻求真知的过程》教学设计 ································ 160
   《全国人大是最高国家权力机关》教学设计 ············ 163
   《我知我师 我爱我师》教学设计 ·························· 170
   "时政热点课"教学设计 ·· 177

2. 零星学习的感悟习得 ·· 181
   学习之甘苦 ·· 182
   学习娱乐两相宜 ·· 184

附录：感人的力量——导师吴景惠印象点滴 ············ 187
后记 ·· 189

开篇

我的教育教学风格与特色

教育教学,是实施基础教育的主阵地,也是教师教书育人的主方式。

教育教学风格,是对教育理念的职业诠释,也是对教学规律的专业解读。琢磨、培育、凝练、形成、成熟教育教学风格,是教师身正示范的必然要求,也是教师学术精进的智慧选择。

可以说,教育教学风格,是对教育的"生命自觉",也是对教学的"生活自律"。

正因为此,在我的教师生涯中,在理论学习和实践习得的基础上,形成教育教学风格,是一以贯之的追求。

坚守"为了每一位学生的发展"的教育理念,坚持"人"的发展是第一要务的使命担当,历经29年的教书循律和课堂历练,通过独立思考、价值判断和实践磨砺,我逐渐形成了"简朴至真、精雕达理"的教育教学风格与特色。

"简朴至真"的风格

"简朴至真",集简朴之精华,取简之直率和朴之平和的深义;举至真之大旗,取至之锐气和真之刚气的核心,显示教育教学的本真。

"简朴至真"的风格,深受老子"大道至简"与陶行知先生"千教万教教人求真,千学万学学做真人"的思想影响。

在我的教育生涯中,恪守"育人为本"的教育思想,无怨无悔地追求着"真":

真实地做人、真实地育人、真实地教书,深刻感悟出真实的课堂应该是培育智慧、启迪智慧和升华智慧的沃土,这片"沃土"的魅力奠基于课堂真实问题的智慧解决,这种智慧的积淀,需要教师长期扎根于教育教学的实践,需要教师长期扎根于适应社会变革的深度思考与敏锐反思。

所以,在"简朴至真"的引领下,面对自己的课堂,我常常会简朴而真实地进行四种"自问":

自问一:我的课堂想要发生怎样的变化?(教学目标)

自问二:运用哪些原理(教学方法)可以达成这样的变化?(教学方法)

自问三:课堂变化预期效果达成如何?(教学评价)

自问四:我的课堂如何更好地改进?(教学反思)

于我而言,每进行一次这样的自问,就是一次真实地接近高效课堂、智慧蜕变升华、能力跋涉升阶的过程。

"精雕达理"的特色

"精雕达理",纳精细之周全,采雕之意识和琢之睿技的高明;奉达理之主旨,取达之信心和理之深邃的关键,显示教育教学的要义。

"精雕达理"的特色,充分体现"有教无类""因材施教""教无定法""细物润声"的教学定理。

"精雕达理"的特色,主要落实于课堂中教师灵活教法与学生灵动学法的呈现。我在教法上推崇"教无定法、教贵得法",虽说高明的教师擅长将各种教学方法融合妙用于课堂,但无论是哪一种教学方法,我认为都必须致力于追求精益求精地选择与精雕细琢地使用。

例如运用"案例观察+问题情境"教法时,我会精选贴近社会、贴近生活、贴近学生实际的案例进行精加工、再整理后作为教学主资源,精心创设有助于学生展开梯度思考与深度学习的问题,开展案例观察与小组自主讨论探究活动,进行理论解读与知识建构,最终达成借例达理育德的目的。

"简朴至真"风格的教育教学指向

长达29年的教师、班主任、团队干部、年级组长、教研组长、学校中层岗位的教育实践，变的是岗位，不变的是一颗始终热爱教育的心，努力做到身正为范、德高为师，坚定"乐教爱生，甘为人梯"的信念，历经长期的教育教学实践锤炼，以饱满的工作热情与无私奉献的言行诠释着对教育的内涵和精髓的理解：

一是以育真人为高度，重爱心。尊重关爱学生，用爱心演绎师爱，去点亮学生的心灯，与学生建立起了深厚的师生情谊，营造出了和谐的学习氛围。善于结合学生的特点，从开学初就着力培养学生良好的行为习惯，过程中贯以爱心、耐心和细心。有时会把爱心转化为对学生的严，体现在对学生行为习惯的严格培养上。课余经常与学生谈心，进行为人与为学方面的教育，强调"德者，才之帅也"，强调为学先为人，做人是第一位的。

二是以持真诚为态度，重宽容。著名教育家苏霍姆林斯基有句名言："有时候宽容引起的道德震动比惩罚更强烈。"宽容，不仅是一种美德，也是一种教育艺术。学生涉世未深，难免犯错，需要教师从心底里宽容学生的过错。多年实践，我探索出的以宽容之心对待学生的可行之法：① 保护学生的自尊心。当学生犯下无心之错时，应视实际情况给予宽容，让学生有台阶可下，必要之时也可以为学生的错误保守秘密；② 给学生提出希望和建议，告诉他应该怎样改正，指出今后努力的方向，这样学生才会从中看到希望；③ 允许学生的某些行为有所反复。宽容不是一次性的行为，需要老师一以贯之地宽容、善待学生，耐得住寂寞、静候花开，学生才能"亲其师而信其道"，从而"改其行"。

三是以奉真切为气度，重示弱。多年的教育实践，我切实领悟到：在学生面前诚恳展示自己经验不足、知识有限等弱点（或真心或故意），常会有意想不到的收获，有助于融洽师生关系，营造出宽松愉快的教育氛围；有益于学生独立能力的培养，学生就有可能青出于蓝而胜于蓝。教师勇于向学生示弱，不仅仅是一种教学态度，更是一种勇气、一种智慧。

在优质课堂打造中，我致力于：

1. 自然的教学生态：上课注重亲切自然，朴实无华，没有矫揉造作也不刻意渲染，讲求在一种平等、和谐、润物细无声的课堂气氛下，将对知识的渴求和探索融于简朴、真实的教学情景之中，学生在静静地思考、默默地首肯中获得知识。

2. 民主的教学情态：上课注重在真诚、民主、协作的氛围中，唤醒学生的灵性与放飞学生的思想。课堂上充分尊重、信任、包容学生，用欣赏激励的态度营造民主、合作的教学氛围。这样的课堂，学生不必小心翼翼地去揣摩教师的想法，学生不必唯师是从成为没有思想的"克隆"人。

3. 有效的教学固态：上课注重各种教学方法的运用恰到好处，不带刻意为之的痕迹。注重课堂教学结构的精心设计，过渡自然，组织严密，搭配合理，有条不紊。讲解、分析、论证时，思路清晰；提问、讨论、练习时，针对学生的实际情况有的放矢，倾力打造高效课堂。

"精雕达理"特色的课堂风范

历经29年的一线教学积淀，深谙成熟且有智慧的教学才是有特色的教学，逐渐形成了"借例明理，师生协作探究"的课堂教学特点。

这一课堂教学特色在教法上主要表现为"案例观察+问题情境"法，其流程为"情景案例—问题创设—小组探究—知识建构"。

"案例观察+问题情境"教法的主要理论依据是美国认知心理学家布鲁纳在其代表作《教育过程》中所倡导的发现教学法（又称探究法、假设法），指教师在引导学生学习知识和原理时，只是给他们一些情景（案例）和问题，让学生积极思考、独立探究，自行发现并掌握相应的原理和结论的一种方法。它的指导思想是以学生为主体，通过自己的探索和学习，发现事物变化的起因和内部联系，从中找出规律，独立实现认识过程，在这个过程中体验发现知识的兴奋感和完成任务的胜利感。教师于教学中扮演设计者和激励者的角色，开展师生协作，重视双向交流，最终在课堂上达成以案析理、借例明理；以问导知、化知为行的目标与效果。

这一课堂教学特色在学法上主要表现为小组协作式探究学习法，其流程为学生在教师的指导下，以小组或团队的形式充分发挥各自的认知特点，在分析问题、确定任务后，学生分小组从各种角度观察交流、讨论探究问题、相互帮助与提示、做出判断与选择、得出结论、建构知识，最终解决现实问题，从而共同完成学习任务。

小组协作式探究学习法是基于瑞典心理学家皮亚杰的建构主义理论（constructivism）。皮亚杰的建构主义理论内容非常丰富，但其核心思想用一句话就可以概括：以学生为中心，强调学生对知识的主动探索、主动发现和对所学知识意义的主动建构。基于皮亚杰的建构主义理论而形成的小组协作式探究学习法，强调学生间合作意识的培养，是一种平等、互助型的学习方式，有利于增强学生的团队精神、有利于促进学生高级认知能力的发展，构建高效互动课堂。

课堂教学规范的常态

1. 课前：注重精研课改理念，深刻领会课标内涵，潜心研究教材教法，关注社会时政热点，留心生活、广泛收集最符合教学需要的各类资源，常会运用学案、问卷、访谈、关键词等方法研究学生的认知起点；深知一节优质课的成败取决于这堂课的教学价值，而教学价值又集中显现于这堂课的教学目标达成度（尤其是情感、态度、价值观的达成度），三维目标是课堂价值收益的关键所在。因此，制定科学合理、妥适贴切、学生收益价值高的教学目标从来都是我备课时的重中之重。

2. 课中：秉持"心中有书、眼中有人"的课堂教学理念，能够将各种教学方法有机结合，实现师生、生生、生本之间的平等对话。每当走进课堂，我都充满了感动和期待，在与学生的平等友好交流中，我尽情放飞自己的教学理想。在课堂中大胆创新，想方设法调动学生的学习主动性，享受快乐的学习境界。现在，我已能熟练驾驭互动激趣课堂，擅长设计思维能力梯度层层递进的"问题链"，帮助学生切实体会课堂思维的快乐，从而引导学生思维品质的培养、思维深度的拓展、思维能力的提升；学法上擅长运用开展"小组协作式探究学习"的策略，指导学生自主合作、探究创新，教学效果扎实有效。

3. 课后：注重留心收集记录课堂中的鲜活案例，对课堂教学进行反思回顾。我一直觉得，教师的成长从教学反思开始，坚持及时、多角度地反思自己每一节课的得与失，不断总结经验，找出教学中存在的问题并着力实施解决。与此同步，我深知教学即研究，有思想、有深度的教师绝不会仅仅满足于课堂教学。学科思想是课堂教学的精髓和灵魂，应该更高水平地孕育学科思想，所以必须锤炼教学智慧，对学科思想进行符合教育发展规律的总结与提升，在此基础上将自己对学科思想的凝练形成文字，归纳整理后撰写成论文、案例或课题。这些论文与课题的研究点，都是对来自我的教育教学实践真问题的研究与解决，也都比较贴切地表达了我的"简朴至真、精雕达理"的教育教学思想与风格。

第一章 站立：育人为本

【章前絮语】

育人，是教育的神圣使命，育人为本，是教师的神圣职责。立德树人，教书育人，是育人为本的基本要求和核心价值，也是教师完成教育、教学任务的基础底线和规范准则。教师，不论教什么学科，育人为本是基线和准绳。

政治学科，在育人为本上有着极大的优势和空间，对学生的影响不可小视。

发挥课程育人的作用，引导学生形成正确的世界观、人生观、价值观，坚定立场，明辨是非，提高站位，这正是政治学科的担当和责任。

作为人民教师，要有站立育人为本的定力。

1 挖掘课程育人的潜力

【从教心语】

  课程，是教育教学的范本，蕴含着丰富的育人内容，有着潜在的育人价值。而思想政治学科，更有着特定的思想内容、价值判断和思维方法。

  作为一名政治学科教师，在课程育人上应当更有施展的余地。长年政治课程教授经历，使我对课程育人的职责心生敬畏，不敢有丝毫懈怠。我深知，立德树人是教育根本任务，铸魂立志是育人根本方向。我更清醒地认识到，有效落实才是"王道"；通过课程教学进入学生"心脑"，化为意识与行动，则是作为与根本任务、根本方向最为直接发生作用的政治教师的责无旁贷的责任。

中学哲学课程的育人价值淬炼

育人，一个古老而恒久的教育命题，从孔子的"君子务本，本立而道生"到孟子的"富贵不能淫，贫贱不能移，威武不能屈"，再到刘备的"勿以恶小而为之，勿以善小而不为"，直到21世纪今天的"立德树人"，无一不在昭示着育人这一教育的根本属性。"育人为本"是学校亘古不变的主题，作为学校育人的基础型课程，中学思想政治课直接担负着对中学生进行马克思主义常识教育和中国特色社会主义理论的系统教育重任。其中，"生活与哲学"更是中学思想政治课中唯一一门以"世界观、人生观、价值观"理论教育为核心内容的课程，其育人地位的高下及育人价值的重要性不言而喻。因此，我们研究哲学课程的育人价值，就是研究在当今核心素养时代，课程的育人价值追求何在？课程的育人价值如何真正落地？课程的育人价值如何挖深做实？通过对这些问题的深入研究，帮助学生发现课程学习的意义，促进身心健康发展；帮助教师筑牢教学活动之本，提升教书育人水平。

一、课程育人价值的探索追求

真正有价值的政治课，其教育功效都直指育人的最高层面——世界观、人生观和价值观的养成。在这一点上，中学哲学课程当仁不让、稳居鳌头，其育人价值主要显现于以下三个方面：

1.人文素养价值，让教育教学更有温度

哲学课程的内容丰富多彩，涵盖"马克思主义的基本立场和观点""系统、辩证的思维方法""健康、科学的人生态度""树立社会主义共同理想"，等等。这些内容集中呈现了其在知识学习、方法能力、情感态度方面的育人优势，对于个人道德水平的提升与良好社会风尚的形成，有着极其重要的正向意义。尤其是课程中中华优秀传统文化内容的植入，如运用成语俗语、古文诗词、传统谚语、名言佳句来表明哲学思想与揭示哲学道理，使教材独有了历史文化的脉络风格和精神气魄，让人文气息与书香素养一同扑面而来。例如那些言简意赅、朗朗上口的成语俗语，激发学生强烈的求知欲和好奇心："按图索骥"否认了一切从实际出发；"未雨绸缪"揭示了原因和结果的关系；"听其言，观其行，知其心"点出了透过现象才能够认识本质……又如那些意境悠远、诗情画意的古诗词，带给学生"诗画中有知识，知识融于诗画"的美感愉悦与生活情趣："人间四月芳菲尽，山寺桃花始盛开"解释了事物矛盾的特殊性；"竹外桃花三两枝，春江水暖鸭先知"阐明了实践是认识的来源……再如那些脍炙人口、催人奋进的名言佳句，帮助学生顿悟人生的真谛与意义："艰难困苦，玉汝于成"激励我们在尊重客观规律的基础上充分发挥人的主观能动性；"山重水复疑无路，柳暗花明又一村"启示我们要正确对待事物发展的前进性与曲折性……这些在哲学课程中俯拾皆是的优秀传统文化，让教学内容富有情趣、教学形式活泼新颖、教学效果精彩纷呈；这种将历史文化精髓与社会主义核心价值观有机结合并进行传播的哲学课程，用文化与价值温暖课堂，提升学生的人文素养，支撑学生的德性和精神的成长，满足学生健康发展的需要，课程由此增添了实实在在的温度。

2. 理性精神价值，让思想思维更有深度

哲学课程注重培养学生的理性思维，引导学生寻真知、求真理，体现了马克思主义对理性精神价值的追求。理性价值在学习中主要表现为学生根据已有的学科知识建构，开展深刻真实的思考，逐步掌握科学的方法，从方法论层面上认识世界、适应世界，学会合作、学会生活，正确处理自己与自然、社会、他人的关系。例如，唯物辩证法中蕴含的理性精神价值不胜枚举："一分为二"助力学生运用客观冷静、全面分析对待问题的基本方法去正视学习与生活中的两难问题；"具体问题具体分析"帮助学生懂得想问题、办事情不能盲目冲动"一刀切"，要一切以时间、地点、条件为转移；"两点论与重点论的统一"更是从"两点是有重点的两点、重点是两点中的重点"这样的辩证逻辑思维中教会学生在错综复杂的世界中做事情、看问题要厘清主次，辨别是非，把握好重点与主流。理性价值的培养，对于学生的全面健康成长大有裨益，但学生囿于年龄、阅历、经验的限制，靠一己之力无法顺利达成，需要教师在教学中创设与现实生活关联度高、任务导向明确的真实情境，引导学生面对情境中各种不同思想、观点、问题的思维碰撞，或在自主辨识分析探究的基础上做出理性判断与选择，或在小组合作交流讨论中集体解决问题，如此方能帮助学生的个性和特长得到切实发展，实现真实有效的理性价值引导，彰显课程思想与思维的深度。

3. 主体发展价值，让立德树人更有效度

哲学，意即"爱智慧"，在追本溯源寻求哲学智慧的过程中，在探究思考世界的本质与生命的意义里，学习主体意识日益增强，学习主体的发展日趋完善，哲学课程的主体发展价值也就通过学习主体的发展表现了出来：通过学习，学生不仅树立了正确的世界观、人生观、价值观，在思想思维情怀、情感道德素养方面获得长足发展，而且还掌握了正确处理自己与自然、社会、他人关系的方法，形成了创造人生价值与未来幸福的必备品格和关键能力，奠基生命的全面健康发展。这是哲学课程赋予学习主体生命完整成长的最高价值体现，其根本要义是为每一个学生提供适合个性发展、鼓励特长发展的教育服务核心价值，其核心意义在于帮助每一个学生发现更好的自我，发展和成就最好的自己，与社会和谐共处，成长为社会的合格公民、国家的栋梁之材。哲学课程的主体发展价值，从根本上回答了习总书记的"为谁培养人，培养什么样的人，怎样培养人"的教育命题，彰显了立德树人根本任务的高度与效度。

综上，无论是从哲学课程既有的教材知识，还是延伸到校园、社会的实践学习内容，如马克思主义的基本立场和观点、社会生活的基本常识和能力、健康科学的人生态度、中国特色的社会主义核心价值体系，等等，其价值追求都明确指向育人的最高境界——"世界观、人生观、价值观"的养成，帮助学生在错综复杂的世界中辨别是非、厘清真假、掌握科学的思维方法、解决成长过程中的实际问题，完善生命意义，提升人生境界；引导学生增强社会责任感和使命感、坚定正确的理想与信念，成为合格公民，成为社会栋梁之材。一言以概之，哲学课程在育人价值方面的独特作用无可替代。

二、课程育人价值的实现关键

哲学课程作为育人的摇篮，立足学生的思想实际，融入学生的学习生活，让学生在学习中茁壮成长，成为有益于社会的人。课程的育人价值，于学生个人成长、于社会发展进步意义深远，但其最终的落地，是要通过师生之间和谐的双边教与学活动才能有效达成。在这一过程中，政治教师承担着极其重要的引导学生扣好人生第一粒纽扣的铸魂育人重任，因此教师的教育理念和教学方法、教师自身素养水平的高低，直接影响着学科育人价值的实现效果。作为教师，既要有走在时代前列的先进理念和见微知著关注社会的敏锐思想，又要有对社会现象与问题进行综合分析的洞察能力，更要有理论联系实际的灵活方法以及自身素养与水平的不断提升，才能将育人落到实处，取得育人实效，实现课程的育人价值。

1. 认同学生主体，构建和谐学习关系

课程育人价值的实现，依托于课堂教学三维目标尤其是"情感态度价值观"目标的制定并贯穿于教学内容与教学流程设计的始终。课堂教学过程中，首先是教学三维目标的正确设定决定了课堂教学立意的高下与教学行为的成败，其次才是教学内容的呈现和教学流程的设计。在这一动态过程中，教师应主动刷新教学理念，认同学生的主体地位，认同学生是学习过程和方法的体验者，是学习活动的参与和实践者；主动更新教学行为，积极创造条件让学生积极融入教学过程中，成为课堂学习的主动建构者与课程价值的受益者。因此，教师的教学目标的制定、教学内容的呈现、教学流程的设计，自始至终应关注学生的主体性地位，为学生的思维能力提升与思维品质培养服务，为学生的健康发展与终身受益服务。政治教师的教学理念不断更新，育人方式推陈出新，师生关系和谐温馨，必将为育人价值的实现奠基一片沃土。

2. 借力教学资源，拓展育人价值空间

哲学课程的教学资源内容丰富，如教材中开展理想信念教育的"价值与人生价值""人生理想与人生道路""承担使命""全面提高素质"等显性资源，也有课内外学习、实践活动中的隐性资源；同时资源形式也是丰富多样，覆盖面极广，有图文、信息、视频、影像，等等。这些资源，不仅可在课程教学过程中生成，也可以从社会生活中广泛汲取。这些教学资源，都蕴含着社会主流价值观，体现了极高的育人价值。因此，对于大多数担负着繁重的教育教学任务、精力和时间有限的政治教师来说，要想自己的课堂教学永不落伍，在传承文明的同时不断吐故纳新，紧随时代步伐，走在时代前列，就必须学会借力丰富的教学资源：关注日新月异的时政要闻资源，抓住众人聚焦的社会热点和敏感话题，收集无处不在的生活日常点滴资源……在这些资源的巧妙运用中融入蕴含着社会主流价值观的哲学课程内容，更好地吸引学生以讨论式、探究式、辨析式、体验式、合作式等方式主动参与学习，实现寓教于乐。

3. 注重育人实效，精研教学方法策略

新课程改革如火如荼进行的今天，课堂上那种一讲到底的传统教学方式已不多见，大多数政治教师在课堂上都能比较娴熟地运用情境观察教学法、案例分析教学法。调查研究发现，哲学教学过程中，对学生的思想和行为能够产生积极影响的有效的教学方法有：主题鲜明的真实典型案例的自主讨论、令人感动的真实人物事件的感召唤醒、创设情境中的学生自主辨析和实践、教师有理有据逻辑清晰的智慧激情引导。据此，肩负立德树人重任的政治教师，必须致力于教学方法、教学策略的改进求新，应根据不同的教学内容和教学对象，有效地选择和运用情境观察、案例分析、问题探究、合作学习、小组讨论、课外实践等多种教学策略和方法，提高教书育人效果。将哲学课程教学内容生活化、教学过程活动化，在情境中学习、在活动中育人，将育人实效真正落地。

4. 增强人文素养，提升立德树人水平

"学高为师，德高为范"，承担着教书育人职责的教师德性精神和自身素质的高低，直接影响到学科育人效果的实现。这一道理众所周知，然而，在现实情况中，少数政治教师因为忙于日复一日的教学任务而忽略了主动学习与主动读书的追求，导致自身专业知识重复机械，文化素养渐趋落后，课堂教学过程中缺乏人文气息与智慧情怀，缺少辩证清晰的思维逻辑与有理有据的比较分析，这样的课堂教学干巴无味、乏善可陈。"打铁还需自身硬"，作为政治教师，不仅要具有扎实的专业知识与技能水平，而且其教育教学的言行举止，还应具备较高的思想道德水准和思想政治觉悟，紧随时代和社会的步伐，不断丰富自己的科学人文知识，丰厚自身学养，方可使自己站稳站好课堂,理直气壮地教好书育好人。

　　总之,通过对哲学课程育人价值的深入分析与深度思考,我们深刻认识到:发挥学科育人功能,淬炼学科育人价值,事关立德树人根本任务的落地生根。国之大计,育人重任,教师责无旁贷,政治课教师要有"勇立潮头敢为先"的使命感,更要有"乘风破浪正当时"的责任心,与时代同频共振,与教改并驾齐驱,孜孜以求、精益求精地探索学科育人功能的完善,尽心竭力、无怨无悔地推进学科育人价值的实现,让育人价值生发于课程、渗透于课堂、升华于教学。

学科育人导师的育人价值探析

学科育人导师,这是一个特定的词汇,但是对于我校师生来说,并不是基于理论去构建的一种抽象的学生发展指导模式,而是基于学校导师制推进过程中存在的培育中学生核心价值观的需要而进行的实践改进与内容创新。在国家大力推进育人方式改革的核心素养时代,发掘、探析、精研学科育人导师的育人价值,对于提升学校、学科、教师的育人水平,培养具有家国情怀、宽广视野、自律自信的新一代接班人,意义重大。

一、变革了导师制中的导师理念

1. 坚持学生为本的教育理念

中学教育有其特殊性,它不仅仅是人生和未来发展的基础阶段,也是学生人格完善、个性成熟的关键时期,更是社会主义核心价值观培育的重要岁月。教育者应立足学生多元发展的特点,努力构建面向全体学生、促进学生全面发展的现代教育。在此背景下,学科育人导师在教书育人过程中,应坚持以生为本的教育理念,尊重每个学生的独立存在,发挥学生的主观能动性,激发学生的内在潜质,提升学生的综合素养,培育学生的核心价值观。

2. 树立导师合作的发展理念

在"一切为了学生的发展"教育教学理念的引领下,以往的单一"学业导师"模式存在的导教问题逐渐显露出来,如导师资源不足、导教内容陈旧、导学方式创新能力不强等。因此,为进一步整合导师资源,扩大导师制的实践视野,"学科育人导师"成为应运而生的新需要,"导师合作"成为导师制的新里程碑。在导师合作的背景下,树立差异即资源的发展思路,充分尊重教师差异,依据育人导师的学科背景和个性特点，实现不同学科、不同年龄、不同性别的导师合作，从而帮助教师创造性地为学生提供全面、适切的个性化指导，促进学生的多元发展与教师的专业成长。

二、创新了一般导师的多重身份

1. 由"单一学业型"走向"复合育人型"

学科育人导师要树立正确的角色观念，从"单一学业型"教师向"复合育人型"的身份转变。不仅要巧用多种资源，帮助学生学业的改进提高，更要积极关注学生的内心世界，进行人文关怀，注重对学生开展"润心无声"式的教育，成为"学生学习生活的贴心人""学生人际交往的指导者""学生心理健康的疏导者"，助推学生健康成长。

2. 由"权威凌驾型"走向"平等对话型"

学科育人导师要顺应时代的召唤和要求，从"权威凌驾者"转变为学生的"平等对话者"。树立平等的师生观，尊重学生差异，拓展学生潜能。导师认识到学生是可塑之材，引导学生将自己的需要、选择、愿望表现出来，努力使学生从简单服从走向自我选择，彰显个性发展需求，追求共性与个性的统一。

3. 由"被动适应型"走向"主动创造型"

学科育人导师要建立主动学习的意识，由"被动适应"转向"主动创造"。依据国家的大政方针，遵循教育的发展规律，根据自身优势和学生的特点，及时了解学生的发展状况，精准开展导教导学，激发自身主动发展的愿望；不断寻求与时俱进的育人内容与方法，富有创造性地教书育人；着眼于社会未来进步以及个体发展的要求，不断提升学生的思想道德、胸怀视野、情感意志等品质，培养创造性人才。

三、激发了育人导师的内在动力

1. 育人导师自觉更新理念，激发内在潜力

导师不断更新理念，转换角色、构建多元知识结构，是提升教书育人能力与水

平的客观需求。这种要求同样构成了学科育人导师日常学习与工作的关键情境，但这些情境仅仅是促使导师不断提高自我的一种外在刺激，只有育人导师切实认识到"育人"二字的深邃内涵与深远意义，自己将这种外在刺激内化为寻求发展的内在力量时，才能产生强大的内驱力，从而激励自我不断更新，提升育人水平，为学生发展服务。

2. 学校跟进服务措施到位，实现综合共享

学校在深入推进导师育人方式的变革过程中，积极引进和开发课程资源、社会实践资源与团队活动资源，增加软硬件设备，加强学校、社会和网络教育资源的同步建设，重视学校内外多种导教导学途径的结合，创设丰富多样的导教导学平台，以持续提升学生的创新精神、实践能力与社会责任感。同时，大力倡导多学科不同导师开展合作导学，营造浓厚的互助交流合作氛围，导师之间积极进行经验分享、思维碰撞，不断提高导教导学能力。在导师的育人过程中，学校既强调个体思想的自主性、独立性，也鼓励导师之间的互助合作，共享共进，共同指导培育学生的个性化、特长化发展，更好地发挥不同导师的特点和优势，从而充分实现资源共享、学生共享、导师共享和综合共享。

总之，"学科育人导师"超越了一般意义上的"德育导师""学业导师"，在导教导学过程中鲜明体现了三个特点：一是从导"教"走向导"教"、导"学"共存，使教师从学生的"学业导师"真正转变为"育人导师"；二是从"育学"走向"育德""育学"并进，育人导师的指导最终是为了激发学生的自觉自主发展需求，助其成长为社会有用之才；三是从"分散"走向"有序"，让各种松散的教育资源与力量有机集结在一起形成一股教育合力。"学科育人导师"整合了导师资源、拓宽了导学渠道、增强了导学互动、释放了个性化教育能量，相对于一般意义的"学业导师"而言，其关注的领域更为宽广，意义也更为深远，让导师真正成为助力学生个性发展与特长发展的导师，实现了学生的全面发展。

育人，生发于耳濡目染里
——学科导学案例

案例背景：

  11月中旬，期中考试刚刚结束，我进高二（1）班教室上课时发现班级气氛比较沉闷，有几个女同学趴在桌上哭泣，一问缘由方知原来由于数学试题比较难考得不是很理想，看起来这一次期中考试对她们打击不小，对于数学学习有失去信心的危险。怎么办？我看在眼里，急在心中。如何让学生正确认识和看待面前所面临的困难，如何让学生重新树立起学习的信心和勇气？这成了我苦心思考、亟须解决的问题。

  高二的同学正在学习哲学课，哲学不应该仅仅是学习原理，更应该是用所学的原理与方法论指导我们解决实际问题。想及我们刚上完"事物的发展是前进性和曲折性的统一"这一内容，我心念一动，灵感乍现，决定运用这个原理针对学生实际，开设一堂主题教育课。

案例实录：

  2018年11月13日，第五节，高二（1）班。

  预备铃声响后，我走进教室，发现受期中考试成绩影响，学生有一些疲惫，上课情绪不高。我没有马上上课，而是走进学生之中，询问他们的考试状况和身体状态，希望拉近彼此的距离。寒暄过后，我开始上课，黑板上板书了八个大字"道路就在我们脚下"。

  我首先播放了一个从网络上下载的众所周知的励志短片——《永不放弃》。

  故事讲述的是一支橄榄球队在教练的指挥下做一项"死亡爬行"的体能训练，全体参与，一个人半卧在地，膝盖骨不能着地，背上再压一个人，沿着球场爬50

米。所有的队员都认为这是不可能完成的任务,在途中不到30米就全军覆没。这时候,教练叫出了球队中队员布洛克,让他再做一次"死亡爬行",这一次用一块布把布洛克的眼睛蒙上,希望他能走得更远不要放弃。整个爬行过程中,教练喊了13次"对了"、15次"加油"、23次"别放弃"、3次"不要停"、48次"继续"……就在这些言语的激励下,先前对自己没信心的布洛克,不仅走完了整个球场(100米),还背着一个80公斤的队友跑完了全程。

短片中永不放弃的精神深深震撼着教室里的每一位同学,也让他们真切地感受到了短片所传达的人生真谛:"永不放弃,不仅仅是为了升学与成绩,更不仅仅是为了掌声与成功,这是一场战胜自我的战役,一个锻造坚韧品质的过程,一笔贯穿一生的宝贵财富,一次意义重大的自我蜕变。"

短片看完了,我便顺势借短片导入了新课:"同学们,我们刚刚学过——事物的发展是前进性和曲折性的统一,它告诉我们事物的发展都不可能是一帆风顺的,而是螺旋式上升、波浪式前进。谁能结合刚才看过的《永不放弃》短片来谈谈对这句话的理解?"

受短片的触动,同学们结合这一原理开始畅谈起观后感,达成了如下共识:我们在人生的道路上要坚信两点:一是我们的前途是光明的,要充满信心;二是充分认识道路是曲折的,要有走曲折道路的准备。紧接着,我趁热打铁再掀起一个小高潮:"同学们,你们学过的很多古文诗词、名言警句,都告诉我们这个道理,为什么不能以此来激励自己呢?!谁能用圣言古训来说明'事物发展是前进性和曲折性统一'的道理?"同学们开始积极讨论,讲述着古今名人的名言,也教育着自己:

  天行健,君子以自强不息。　　　　　　　　　　——《周易·乾·象》
  志不强者智不达。　　　　　　　　　　　　　　——《墨子·修身》
  天将降大任于是人也,必先苦其心志,劳其筋骨,饿其体肤,空乏其身,行拂乱其所为。　　　　　　　　　　　　　　　　——《孟子·告子下》
  古之立大事者,不惟有超世之才,亦必有坚忍不拔之志。
　　　　　　　　　　　　　　　　　　　　　　　　——苏轼《晁错论》

尺有所短；寸有所长。物有所不足；智有所不明。　　——屈原《卜居》

人生的旅途，前途很远，也很暗。然而不要怕，不怕的人的面前才有路。

——鲁迅

接着，我又提到了一个从中国"达人秀"节目走出的名叫刘伟的热点人物：一个失去双臂，却可以飞翔蓝天的人。对刘伟而言，10岁时的记忆，永远是那么残缺不全。1997年，10岁的刘伟因触电意外失去双臂。但是，失去双臂的刘伟没有放弃，没有绝望，刘伟开始重新做回自己。"没有手，用脚一样能弹钢琴。"刘伟说。在脚指头一次次被磨破之后，刘伟逐渐摸索出了如何用脚来和琴键相处的办法。用脚演奏的《梦中的婚礼》结束，全场为之震撼，起立鼓掌。

看着同学们醍醐灌顶、恍然大悟的表情，我再次进行了总结："马克思说过：'科学的道路上，没有平坦的大道，只有那些不畏艰险，沿着陡峭山路攀登的人，才有希望达到光辉的顶点。'同学们，人生路上难免会有一些沟沟坎坎，既然无法躲避，就要学会勇敢面对。当我们鼓起勇气，克服困难，历经奋斗，就会迎来属于自己的无限风光在险峰。"

此时的教室里，同学们纷纷点头称是，我看见有一种叫作"光芒"的亮色开始闪耀在了学生的眼中。

案例思考：

对学生的教育，说教的方法常常收效甚微，很难入心入脑；要达到教育的效果，从学生的"感同身受"切入，从感人的励志故事着手，让其感情自然投入，使之体验知晓困难与成功之间的关系。"晓之以理，动之以情"，往往会收到事半功倍之效。同时，导教过程中恰如其分地引入哲学原理和学生名言警句的解读，也能帮助学生释疑解惑、审视自己的困惑点。

导学过程中，教师的责任在于时刻不忘与学生共勉，不断给学生以鼓励与希望，给学生以力量和信心的支撑。教育不是一蹴而就之事，不可能一劳永逸；教育学生是个漫长的过程，教师同样要有"走曲折道路的准备"，但更要"坚信前途是光明的"，静待花开。

成长，合力于同伴互助中
——教师成长案例

学校政治教研组是一个团结、温馨的集体，有事大家互帮互助早已成了常态。教研组长期处于一种"自我反思、专业引领、集思广益、同伴互助、互相促进"的良性氛围中，关心、帮助青年教师成长一直都是政治教研组的特色与美德。

案例背景：

小陈老师是参加工作三年的年轻教师，九月份接到任务，要上一节青年教师"同课异构"的区级研究课。时间紧、任务重、经验少、缺乏相关技术资源等众多问题，需要在不到一个月的时间内一一解决，这对于年轻的小陈老师来说，压力非常大。

案例过程：

这时，组里的老师们主动找到了陈老师。教研组长和技术老师亲自指导陈老师应用未来智慧教室技术促进学生自主学习、整合技术资源构建新的课堂教学环境，无条件地为陈老师提供了技术和资源上的帮助。曾经带教过小陈老师的两位老教师主动手把手地帮助陈老师备课，打磨教学中的每一个细节，研讨教学设计的每一个流程，共同研磨设计有梯度、有层次、能引起学生共鸣深思的问题，以有效提升学生的思辨能力、培养学生的思维品质。三次试讲中，全组教师都参与听课、磨课、研讨过程，对小陈老师的要求细致到了每一个环节的设置、每一个标题的板书；尤其是第二次试讲后，老师们建议课堂引入环节改成选取时政热点话题，以视频播放的形式开门见山吸引学生注意力，要求学生边看视频边记录关键词，然后将关键词组合起来回答相关问题，以此来激发学生思考，从而让学生自然而然地融入新课开始学习。第三次试讲证明，老师们的建议很符合我校学生的学情和特点，同学们积极投入，课堂效果良好。同年级的其他老师们在上课前也都在为小陈老师加油打气。开课前，后勤部门的老师们也为小陈老师精心布置了舒适整洁的教室，在保障上做到了最好。

案例效果：

　　最后，小陈老师的这堂课完成得非常出色，得到了全区教师的一致认可，也得到了教研员的高度赞扬。有了组内全体教师的无私帮助，这一次开课，小陈老师获得了成功；在教研组同仁的专业引领、同伴互助、集思广益、互相促进中，小陈老师不断提升成长了许多。从小陈老师的成长中，我真切地看到了年轻教师的培养就像花朵一样，离不开肥沃的土壤，而教研组就是这样一片土壤，帮助和哺育着年轻教师更快、更好地成长。

育德，渗透于片纸书信间
——家校共育案例

案例背景：

　　古往今来，书信一直都是人与人交流的一种传统方式。时代在进步，信息技术在发展，信息传播的速度也在变快，互联网、微信、QQ时代已经来临，书信方式的便捷性稍显落后。但在教育领域中，它依然是师生交流的好帮手，能帮助老师了解学生内心真实的想法；同时它能架起班主任与家长沟通的桥梁，帮助家长掌握自己孩子的教育情况。

案例过程：

　　进入中学后，周同学在期中考试中成绩不理想，与家长沟通后，作为班主任的我将他的位置从后向前进行了调整。可周同学一副很不情愿的模样，课后悄悄给我递了一张小字条："吴老师您好，我们班调整了座位，您把我调到了第一位。我对这个位置没意见，但我对现在的同桌不能接受，因为我俩素不相识，没有感情。我和甲同学是发小，从幼儿园就是同桌，彼此间很默契，分开后我心情失落。老师您可能担心甲同学会影响我的学习，但是我们俩上课时从不说话，我可以保证他绝对不会影响我，您能不能考虑让我俩继续同桌？"

　　看完他的字条后，我觉得有几分道理，但也不能就此由着他。同时作为班主任，我敏锐地意识到这是一次绝好的师生相互交流的机会，也是对他进行心理教育和疏导的契机。人与人之间的沟通是一门艺术，老师与学生的沟通更应该注重技巧，在抓住时机的基础上关心尊重他们，才能取得良好的沟通教育效果。

　　于是我给他回了一封信：

亲爱的小周：

　　读了你的字条，知道了你内心的真实想法，老师也想向你真诚地吐露一下心扉：你说"位置还行"表明你不反对坐在第一位，说明你知道第一位的优越性是多少坐在后排同学梦寐以求的渴望。老师把你放在第一位，是考虑到你的学习情况，考虑到你爸爸对你望子成龙的愿望。的确，我没有顾念到你与甲同学的感情和友谊，唐代诗人王勃有诗云"海内存知己，天涯若比邻"，更何况你俩同在一个班级，每天都可见面，课后还可一同玩耍。但是如果你学习不努力，爸爸会责怪你的，你也无法获得成就感。

　　你说你"上课从不说话"，表明自己颇有自控能力，能分清场合，懂得轻重，这一点值得表扬。老师也早已发现了你的这个优点，很想让你的优点在班级里发挥带头作用，老师很想给你这个机会，让你做第三组小组长，难道你不想借这次"位置"的调整来锻炼一下自己的能力吗？你不想做一个为班级出力、富有集体荣誉感的好学生吗？

　　你说你"可以保证甲同学绝对不会影响我"，希望老师考虑让你俩继续同桌，那么，老师也可以给你一个承诺：换了座位后老师看你的表现，如果你的成绩名列前茅，我会尊重你的选择；如果你的学习态度端正，我也会尊重你的选择。请记住：中学阶段学习比交往重要。不知你现在是否懂得老师的良苦用心了？

　　信写好后，我把它交给了周同学，希望他能好好地读一读。我还告诉他信也要给爸爸看看，老师很想知道你爸爸对此事的看法及对你的关心程度。过了一天，我就收到了周同学爸爸的回信：

吴老师，您好：

　　我是周同学的爸爸，首先谢谢您对他学习上的照顾。

　　经过开学至今的一段时间接触，您可能对周同学有了更深一步的认识。这孩子有一样缺点：自控能力相对较差。这个缺点，从上小学开始我们就没有很重视，没有得到很好的纠正。升入初中后，他的学习方法、学习习惯可能出现了一些问题，这孩子记忆力及悟性倒是不差，但学习没长性，还贪玩，导致学习成绩大幅下降。

为了自己的学生能学好向上，吴老师给学生调换座位，我绝对赞同老师的安排。我相信家校联合教育，学生会变得越来越好的，我全力支持吴老师的决定。

经历了这样的书信往来之后，周同学从此就坐在了第一位，第三组组长的工作也顺利开展了。课堂之上，他安静了下来，很少和同桌说话。组内之事，他也安排得井井有条。他的表现，我看在眼里，喜在心中。期中考试时，他的成绩竟然进步了一大截，往前跃进了许多，获得了班内进步奖。

案例思考：

片纸书信往来的优点在于它是间接交流，有利于内心真实需求的表达。学生采用这种方式与老师对话，老师也利用书信和学生以及家长进行即时沟通，顺利架设了一座家校师生之间的沟通桥梁。当我读完周同学爸爸的回信时，内心无比地感动与宽慰。这位家长可以说是众多学生家长的缩影，没有哪个家长不希望自己的孩子将来有出息的，但是又有多少家长能像周爸爸这样负责地关注学生一点一滴的成长，积极主动地与老师交流学习情况？如果所有的家长，都能像周同学家长那样和学生多行沟通，与老师携手并肩育人，形成合力，家校合力育人就一定能够共创美好未来。

2 引导学生明辨的艺术

【从教心语】

　　教育贵在启发，学生需要引导。启发应有讲究，引导当有方法。尤其是政治学科，将看似有点枯燥艰涩的理论"拆解"为学生通俗易懂的内容与形象，成为学生自己可以举一反三的认识与实践，需要教师化难懂为易解的"魔力"，变高深为亲近的"绝技"。让学生拥有理论武装下的认知与明辨，是本学科育人的"教学目标"。

　　学生撰写的小论文，也许能从一个侧面反映课程育人的成效和价值。

党的阳光照耀我成长（节选）

今年，是我们伟大、光荣、正确的中国共产党成立九十周年。九十年来，从党的诞生到新中国的成立，从新中国的诞生到吹响改革开放的号角，从改革开放到全面建设小康社会，中国共产党带领着中国人民取得了无与伦比的伟大成就，谱写出中国历史上一个又一个不朽的篇章。

感受中国共产党走过的光辉岁月，我感慨万千地发现党的阳光始终照耀着我的成长历程：小学，我加入了少先队；中学，我加入了共青团；高中，我正式向党组织递交了入党申请书。尽管现在我已是一名高三的学生，但党组织对我的关心依旧让我倍感温暖。作为入党积极分子的我，持续得到了党组织在政治生活上对我的关心和帮助。我深深体会到：我的成长过程正像《唱支山歌给党听》中所唱的"母亲只生了我的身，党的光辉照我心"那样。

今年寒假前夕，在学校党组织的安排下，我和我班另外两位同学一同参加了静安区第28届教育系统入党前培训班的学习。党校的培训是考察和培养一名入党积极分子成为党员的重要且不可或缺的过程之一，能有机会参与党校组织的学习实属不易，因此我倍加珍惜这次学习机会，也下定决心要在五天的党校学习过程中好好表现。

五天的党校学习生活带给我们的影响是巨大的、终身的。在与他校同学交流的过程中，我们的思想得到了碰撞，擦出了智慧的火花；在众多专家教授的讲座中，我们对党的理论知识有了更系统的认识，也仿佛看见了先进党员们一颗颗可感可触的炽热灵魂；在撰写思想汇报的过程中，我们把自身对组织的向往和热爱凝聚在字里行间、方寸之中。而最重要的一点，莫过于在繁忙而又紧张的高三学习生活中，我们体会到了组织对我们的关心、感受到了组织带给我们的温暖和关怀，更是在组织的阳光下收获了茁壮和成长。我们一定会在今后的学习、生活乃至工作中，不断实践发扬我们在党校期间学习到的理论知识和先进事迹，真正体现出我们新时代先进青年的模范英姿。

党的阳光永远照耀我成长！

点　评：

学生小论文能够让人眼前一亮的一个重要特点，就是要有自己独特的见解、独到的启示，而且论述的角度要新、不落俗套、不照搬现成观点，能够独具一格。

《党的阳光照耀我成长》这篇小论文，不同于以往的照搬课本语言、说理空洞、缺乏创意的歌颂文章，而是以一名中学生入党积极分子参加入党前培训班学习的视角，以自己的思想得到碰撞、擦出智慧的火花、加深对党的理论知识的系统认识、自觉撰写思想汇报的学习历程，朴素真切地表达了在成长过程中对党的认识的逐渐加深、对党的情感的与日俱增，以及在党的阳光下收获了茁壮成长的美好情感。文中充满了对党的景仰之情，对学习机会的无比珍惜；充满正能量、给人无限希望！这样的小论文有感而发，是真情实感的流露，读来真实感人。

（指导教师　吴景惠）

附　记：

本文作者高考时考上了山东大学新闻系，教师节给我来信，真挚地提及正是从高一就开始在老师的指导下撰写政治小论文的经历，让他热爱上了政治学科并且"始知文字乐无穷"，坚持不懈才会考上了理想的大学选择了心仪的新闻专业。学生的书信，于我视如珍宝；学生的这些话语，是我教书育人、脚不止步的强劲动力，我会一辈子珍藏这份感动与美好。

理财，是一门功课

从小父母就培养我的金钱观念，小学开始就要求我每月独立管理自己的账户进行记账，每次支出或是收入都要记上一笔。若是哪次漏记少记，账目有了出入，为了将这部分钱补上，下个月的钱就要有所克扣。一开始我很抱怨这种方式，觉得很麻烦，然而在坚持了一年后，我渐渐养成了这样记账的习惯，账目也变得越来越有条理性。

然而，我觉得随着时间的流逝，记账这件事更像是任务，机械化地完成。直到初三，学业繁重加上补课众多，钱的款项变多，数目较大我也不愿意记，总是少记漏记。导致最后妈妈查账，我只能交出一堆烂账，遭到了严厉的批评，这让我十分委屈和伤心：班级里其他同学在用钱方面都很自由，而我却如受束缚。妈妈还对我进行教育："你没有赚钱，不知道钱的来之不易。我觉得你不认真对待我给你的钱，随意浪费。这不是你赚的钱，你永远都不知道我们的珍惜。我自己都一直节俭地用。"我虽觉得她的话也有一定的道理，但还是执着于自己不愿记账甚至淡漠理财的想法。

之后的日子，妈妈见我仍没有按时记账，不合理支出的情况越发繁多，于是，想出了一个办法：在高中期间每个月都为家里服务20个小时，每个月给我一笔钱，包括了所有的花销，支配都由自己来完成，并且记不记账都随我自己。然而，若是没有完成应有的20个小时，我将一分钱都拿不到。面对一分钱都拿不到的结果，我也只能无奈地答应。

刚开始，由于没有记账的束缚，我用钱相当自由随意。然而在半个多月过去后，我的钱几乎已经用完了，连正常的生活都不能维持下去，学校的饭费我都不能缴纳，并且我也不记得我的钱是如何用的，甚至是不是丢了钱，我都不知道。此时，我突然意识到钱是多么的来之不易，而记账又是多么的重要：虽说这是我每月为家里服务赚来的钱，但也不能没有规划地用；虽说妈妈同意我不记账，但也不能不知道自己的钱用在了何方。我终于明白父母的良苦用心，也体会到了他们的不容易，挣钱的不易，培养我的不易。他们让我所做的一切不过是想让我学会理财，学会正确合理地支配金钱，让我拥有一个正确的理财观念与良好的理财方式。

我想说，现在社会上的确普遍存在这个问题，就是很多未成年人尤其是我们这个年龄段的人，不明白钱的来之不易，追随名品，让父母承担了过大的经济压力，这种现象是不好的。但是我相信，只要我们进行大力地培养，将理财视为一门功课，相信大家都能拥有属于自己并适合自己的理财方式，然后树立正确的金钱观！

点 评：

这是一篇叙事型的政治小论文。"理财"，一直是社会的热点话题，题目《理财，是一门功课》让人感觉直接明了，观点明确。本篇通过叙述发生在自己家中的记账理财小故事，娓娓道来"抱怨记账——抵触记账——入不敷出——意识到钱财来之不易——懂得父母的不容易——明白记账的重要性"这样的心路历程，说明理财的重要性，通过亲身体验式收集理财经验，最后得出结论：学会知足，学会理财，不要被利欲遮蔽了眼睛。学会正确地对待金钱，人生在世必须拥有正确的理财观念与良好的理财方式。这一过程，让学生尝到了理财的甜头，提振了自信，也享受了写作乐趣，收获了成长。

政治小论文的一个重要特点是"小"，所以在写作选材上宜小不宜大。《理财，是一门功课》从"家庭记账"这个小选题入手来探究理财的学问与如何正确合理地支配金钱，符合学生政治小论文的用语特点，增强了小论文说理的透彻性。整篇文章观点正确，结构完整，条理清晰，值得借鉴。

（指导教师　吴景惠）

第二章 站稳：教书循律

【章前絮语】

教学，是一门科学，也是一门艺术。教学是有规律可循的，是有艺术可寻的。

教学规律，是实现优质教学的基础，也是取得高效教学的条件。因此，探讨教学规律、掌握教学规律，是遵循教学规律的前提。

在教学规律面前，人人平等；在教学规律背后，个个气象万千。执教者对教学规律的认知、驾驭程度，决定了教学质量的位置。

在教学规律面前，执教者是能动的、能干的、能行的，只是要有永远破解难题的毅力与智慧。

作为人民教师，要有站稳教书循律的实力。

1 素质视域下的探索

【从教心语】

核心素养已成为衡量学生全面发展的"标准尺度",作为政治学科教师,应当把学生核心素养的培育融入课程教学,在课程教学中体现核心素养的本质目的与具体要求,以课程呈现素养、教学体验价值,融合中做"减法"(成为"一张皮"),提升中做"加法"(效用叠加),把核心素养的培养落到实处,把全面发展的要求细化深化。

核心素养视域下高中财经素养校本课程新探

以培养"全面发展的人"为核心的"核心素养"并不涉及某一门具体学科知识的学习,其着力点在于素养培育过程中个体通过学习与实践所获得的知识与技能、体验的过程与方法、升华的情感态度与价值观。"核心素养"的培育强调的是问题的解决与能力的提升,其目的在于帮助个体将来从容自信走上社会、更好地适应社会的发展需要、成长为造福国家与社会的人才。为了这一目的的实现,有必要在高中阶段开设财经素养校本课程。

一、课程的实施意义

随着社会发展,财经素养已上升为公民管理个人财务、处理财经问题、维系个人生存的核心能力。因此,财经核心素养教育问题被学校教育提上议事日程。财经核心素养作为个人生活与理财必备的一项基本素养便有了极其重要的意义,关乎个人生活福祉,关乎国家未来发展。

学校理应将财经核心素养列入中学生必须掌握的基本技能之一。为了帮助中学生初步掌握一定的财经知识,更好地适应越来越复杂的金融世界以抵御金融风险、学会在各类财经情境中从容自信地参与各类经济活动,有必要在中学里开设专门的财经核心素养校本课程。

二、课程的实施目标

通过开设财经核心素养课程,帮助学生掌握基本的财经专业术语,了解与财经有关的基本知识，培养学生与时俱进的良好经济素养，能够将财经知识应用于具体的生活情境中，培养个人较好的理财习惯，帮助学生学以致用地在未来的经济社会中能够从容冷静应对各种经济环境、有效降低经济风险。

通过中学生财经核心素养的养成与实践，养成合理消费、勤俭节约的优良品质，着重培养学生以创新精神与实践为重点的创造性能力，通过相关的实践由内而外地主动提升个人的财经核心素养，为学生将来从容走向社会、更好地适应社会的发展要求、成长为造福国家与社会的财经人才打下坚实的基础。

三、课程的实施方法

财经核心素养课程的实施主要涵盖两部分内容：一是财经素养知识课程，内容涉及财经基础知识、基本理财常识等等；二是财经技能活动课程，内容涉及财经素养的口语与写作能力的培养、与财经实际生活密切联系的财经技能实地演练、校内外社会实践活动课程等。具体如表1所示：

表1 财经核心素养课程目录（共16课时）

课程	层次	课时	目录
财经核心素养课程	财经素养课程（知识）	8课时	1. 测测你的PISA财经核心素养（2课时） 2. 读懂财经术语，提升财经素养（2课时） 3. 学点理财知识，培养理财能力（2课时） 4. 走近财经专业人士（外请报告或访谈）（2课时）
	财经技能课程（活动）	8课时	5. 锻炼你的财经口才（财经素养口语课程）（2课时） 6. 学会写财经新闻报道（财经素养写作课程）（2课时） 7. 校内财经核心素养实践课程（2课时） 8. 校外财经核心素养社会实践（2课时）

1. 测测你的PISA财经核心素养

通过学习PISA的测评方法，借助《PISA财经素养（Financial Literacy）测试题》测试了解中学生的实际财经核心素养水平，从而找出问题，并有针对地解决问题。

2. 读懂财经术语，提升财经素养

帮助学生知道、读懂和理解一些基本的财经术语，如GDP、CPI、单利、复利、存款准备金、通货膨胀、债券等，培养学生在数据时代必备的财经素养；向学生普及财经基础知识，如课堂上可以用具体的新闻来给学生做案例解读，或让学生围绕一个主题情境来搜集相关的财经术语。

3. 学点理财知识，培养理财能力

理财是每个人一生必不可少的生活技能。理财分消费和储蓄两个方面，理财及理财行为最终表现为对银行、保险、基金、证券、信托等金融机构推出的各类理财产品、金融工具和理财服务的选择。可以让学生分组活动，各组寻找一款理财产品，运用理财知识，从风险和收益角度分析产品的"好坏"。帮助学生学习理财知识、从风险角度看理财知识；不仅掌握理财方法，而且培养简单的理财能力。

4. 走近财经专业人士（外请报告或访谈）

通过邀请财经界成功人士来学校做报告或与财经电视频道携手合作，让学生近距离接触财经风云人物、知名人士，感受财经的魅力，提升学习财经知识的兴趣和效能。

5. 锻炼你的财经口才（财经素养口语课程）

财经素养课程中，培养学生的口头表达能力，既有利于巩固财经知识，又能培养综合素养高端的学生。具体可通过课堂问答与讨论、财经专题的演讲比赛或辩论赛、促销、经济新闻播报等多种途径落实。

6. 学会写财经新闻报道（财经素养写作课程）

通过开设财经素养写作课程，让学生喜欢收看财经电视频道，从媒体中获取相关的财经信息，并且能够尝试由易到难地撰写财经新闻报道。老师的任务是对财经新闻的写作形式和技巧进行相关教学，可结合典型财经新闻事例，偏重于财经知识的学习对学生进行相关课堂训练。课外可要求学生阅读报纸杂志上的各类经济新闻，阅读企业家传记，培养学生对财经新闻报道的敏感度。

7. 校内财经核心素养实践课程

可通过上网检索、校内访谈、"一周理财反思"等财经核心素养的校内模拟活动的开展来切实落实具体指标的要求，有效提高学生的财经技能。教师可收集足够的财经相关资料，通过在课堂上情境模拟或者现场观摩等方式开展财经实践活动，使情境与学生的日常经济生活相联系，激发学生的学习兴趣。

8.校外财经核心素养社会实践

通过走出校门开展调研、校外访谈、开设"财经素养社会实践日"、组织实地参观考察活动（例如参观银行、证券公司）等财经核心素养的社会实践活动，来检验所学财经知识、落实具体指标的要求，有效提高学生的财经技能。

四、课程的实施评价

课程评价是财经素养课程中一个不可或缺的内容。一个恰到好处的评价，起到的作用是不可估量的。它可以改善课堂教学，也可以调动学生的学习热情，还可以促进学生主动、积极、创造性地进行学习和发展。教学评价应从多角度、多层次、多侧面进行。

1.阶段评价：

（1）预先评价：问卷调查或测试，了解学生对财经核心素养的认识状态及拟达成的目标。

（2）过程评价：确定目标为财经核心素养的养成与实践，在学习与实践过程中对该目标的掌握程度有意识地进行监控和评价。教师要特别注重学生在学习过程中的心理因素、情感变化和进步幅度。

（3）终结评价：成绩测评、学生自评、小组互评和教师评价。

2.学期评价：

（1）建立每个学生的成果档案和综合评价档案，为以后的财经核心素养课程继续实践服务。

（2）从学习态度、活动参与、情感表现、合作精神、沟通技巧、进步幅度六个方面进行综合评价，采用学生自评、小组互评、教师评价的方法评定，从分制评定转化为用A、B、C、D四个等级进行评定。

（3）学生的实践能力和实践成果记入学生档案，在学期综合评语中作为评价项目；对于学生的优秀实践成果，教师附加评语并以专栏形式张贴公布进行成果展览、宣传。

深度学习：让学科核心素养真实落地

当前，中国特色社会主义建设进入了新时代。作为立德树人的关键课程，思想政治学科也迎来了全新的机遇和挑战，习近平总书记就新形势下理直气壮地开好思想政治理论课、推动其改革创新提出了坚持"八个统一"的新时代要求。因此，思政课程教学必须因事而化、因时而进、因势而新，推进集中体现学科育人价值的深度理论与深度实践相结合的"深度学习"。

"深度学习"是我国新课程改革研究的重要内容，近年来不断地被引入到对学生的核心素养培养中。就思想政治学科而言，指向学科核心素养培育的"深度学习"，以培养学科核心素养（政治认同、科学精神、法治意识与公共参与）为宗旨，引导师生的知识层面、思维层级和实践能力水平从浅层到深层、从初级到高级、从低阶到高阶、从感性到理性渐趋延展与拓掘，通过深度观察、理解、辨析、思考和实践等方式，运用马克思主义基本原理解释和应对社会变革和发展中的新挑战、新问题。主要表现为以下四个方面：

一、指向政治认同的深度理解，彰显价值追求

政治认同这一学科核心素养体现了思想政治学科培育学生的一项价值引领。作为思政教师，要在教学中引领学生开展观察、思考与探索，在掌握知识、体验情感中升华思想品质；要在教学中引领学生建立政治认同素养价值，确立理想信念，形成良好的道德品质，培育有理想、有自信的中国公民。

在这一素养的培育上，议题式活动型教学被认为是具有突破性意义的一大创新之举。现行教材中的中国特色社会主义、社会主义核心价值观、中华优秀传统文化、革命传统教育、总体国家安全观、全面依法治国等知识内容，都可以就地取材用于

开展主题鲜明的议题式教学活动。例如在学习高中思想政治必修3第三单元第八课《法治中国建设》时，可以根据总议题"如何推进法治中国建设"设计如下三个分议题："1. 如何让法治成为治国理政的基本方式？""2. 如何增强政府的公信力和执行力？""3. 法治如何让生活更美好？"根据这三个分议题开展的关键学习活动，经过课堂的深度思考、理解、探索与讨论，使教师和学生共同经历"将内容凝练成议题、在议题中开展活动、在活动中生成价值"的智慧之旅，论证了法治在治国理政中的作用、表达了法治让生活更美好的感悟、实现了政治认同的价值引领。

目前，这种围绕某一议题开展教学，由浅入深，层层推进，淋漓尽致地体现"深度学习"特点的议题式活动型教学，正被越来越多的思政教师认可与接纳。这与其坚持贴近学生实际、贴近社会、贴近生活的"三贴近"原则、关注人类社会生存发展大事件、关注国家大政方针社会热点的特征密切相关，更容易引发学生产生认识聚焦或价值共鸣的"深度理解"，不失为一条极好的培养政治认同素养的有效途径。

二、指向科学精神的深度思辨，培养思维品质

科学精神这一学科核心素养体现了思想政治学科培育学生的一项品质要求。思政课注重思想性、注重学生思想认识和思维方式的培养，旨在提升学生思维能力与思想水平。知识、思维以及思想是分为不同层级的，如果教学过程只是停留在知识、思维及思想的表层，这样的教学就成了没有深度的浅层学习，无助于学生深化思维和拓展思想；反之，只有引领学生走向知识、思维及思想的广度与深度延展与拓掘的"深度学习"，才能触及高阶思维、提升思辨能力。

在这一素养的培育上，辨析式学习法因其独特的辩证性思维特征为越来越多的思政教师所青睐。教师在教学中通过开放的辨析式学习过程，引导学生理性面对各种不同观点或生活中的两难话题，或在自主辨识分析的基础上做出判断，或在小组交流讨论的基础上做出选择，实现真正有效的思维价值引导。例如众所周知的海因茨偷药事件背后折射出的道德与法治的两难话题、轰动一时的张扣扣二审维持死刑判决事件背后折射出的人伦与法治的冲突话题、坚持爱国和理性爱国

的思考、归还拾物索要报酬是否应该，等等，这些话题，围绕两难中的"该"与"不该"的焦点问题，展开是非曲直的辨析、直击学生心灵深处、引发学生理性思维、提升学生思辨能力。这种辨析式教学不仅需要训练学生深刻的思维，还需要训练学生深刻的思想，正是这种思维与思想的深刻，确保了学习的深度。在深度思辨的层层推进过程中，学生的思维深度也在逐层递进，学生思想中的一些模糊与错误的认识得以不断地廓清与澄清，这样的"深度学习"过程显然可以有效地培育学生的科学精神。

三、指向法治意识的深度观察，培植法治素养

法治意识这一学科核心素养是思想政治学科培育学生的一项重要抓手。中学生因为年龄阅历浅少、社会经验不足等原因，对现实生活中的许多事情缺乏准确认识，尤其是面对身边复杂的社会现象和法律问题，在认知上很难从法律的角度加以看待，在践行上也有一定的难度，在遇到问题时缺乏用法律捍卫权利的能力。因此，需要思政教师在法治教育中巧设真实社会情境、妙用典型法治案例，将抽象枯燥的法律知识结合学生的生活实际、依托具体的情境问题、通过开展观察探究活动来增强法治意识，引导学生做学法尊法守法用法的合格公民。

情境观察学习法的运用就可以较好地达成这一效果。其基本流程为"情境观察——问题创设——小组探究——解决问题"。教师在安排法治教学内容时，比如网络空间是否存在法外之地、义务教育法对未成年人的教育权利保护、爱护文物和风景名胜古迹的相关法律规定、"模拟法庭"的正规庭审程序，等等，坚持"内容情境化""情境问题化""问题活动化"的原则，收集展示一些真实的社会情境或案例，创设由易到难、由浅入深、梯度层次明显的问题，让学生运用法律知识开展深度观察、合作探究、解决问题，最终达到以案析理、借例明理；以问导知、化知为行的目的。可见，选择符合学生认知特点、结合学生生活经验的社会情境或案例，从现实问题入手，展开深度观察，注重正面引导，让学生可以真实感受到"法律在我身边、法治与我同行"。这样的深度学习，能够切实增强学生的法治意识、培育法治素养。

四、指向公共参与的深度实践，走向知行合一

公共参与这一核心素养是思想政治学科培育学生的一项关键能力。这项能力与问题解决力、决策力、组织力、执行力以及领导力等诸多高阶能力紧密关联，教师可以在生成性、开放性的实践活动中，借助调查研究、参观访问、角色扮演、反思探究等兼具广度与深度的路径，培养学生的高阶能力，培育有担当、会实践的新一代公民。

例如，青少年模拟政协活动就是一种结合青少年学生自身特点，依托教材教学内容，借鉴中国人民政治协商会议组织、提案形成等方面的制度规定和会议形式，引导青少年了解并有序参与中国特色社会主义民主政治的实践形式。这一深度实践，培养学生通过发现问题、作出调研、撰写提案、发布新闻并集中展示等途径和方式参与公共事务、合理表达利益诉求、影响公共活动及公共决策的意识和能力，引导学生习得方法、投身实践、知行合一，有效落实公共参与素养。

综上所述，新时代教育改革创新背景下，践行深度学习与培育学科核心素养是内在统一的：培育核心素养离不开深度学习，深度学习助力核心素养的落地。思政课教学中，教师和学生共同融入"生活即学习、学习即研究"的深度学习，习得专长、解决问题、训练高级思维、培养高阶能力、不断收获、持续进步，可以让处于"拔节孕穗期"的中学生获得精心引导和栽培，获得人格的健全和精神的成长，让学科核心素养真正落地。

参考文献：

[1] 王锦飞.核心素养培育视阈下的"深度学习"——以高中思想政治课教学为例.课程教学研究，2018（03）：66-69.

[2] 戴慧.《道德与法治》新教材亮点解读.中考历史，2017（08）.

[3] 教育部普通高中课程方案（2017版）：思想政治课程标准.

指向法治素养培育的初中
道德与法治教学初探

法治素养是学生必备的核心素养。在法治素养的培育上，初中《道德与法治》课程的开设具有极其重要的作用，不仅能够帮助学生增强判断是非的能力、形成正确的价值观，而且能够提升学生的综合素质。

一、初中生法治素养现状

1. 法治意识薄弱

目前许多初中生存在法治意识薄弱的现象。在现阶段的初中《道德与法治》教学中，由于某些教师以知识讲解为主，教学方式较为单一，不注重全面了解学生，不能准确把握学情开展教学，忽视了对学生道德与法治素养的培养。

2. 法律知识欠缺

《道德与法治》课程的教学中，涉及的法律专用术语较多，但是初中学生因为对政治生活参与极少，会觉得这些法律知识距离自己很遥远，不好理解，学习兴趣不大；到了真正运用的时候，就不能较好地将所学知识点运用到解决具体问题中去。

3. 法律行为不当

由于一小部分初中学生的法治意识薄弱、法律知识欠缺，从而导致学生的法治素养低，最终使其在日常生活中遇到法律问题时，就容易出现采取法律允许范围之外的行为处理事情，从而使得矛盾冲突更加激烈，最终触犯法律法规。

二、初中《道德与法治》教学法治素养培育的重要意义

针对初中生法治素养不足的这一现状,初中《道德与法治》教学必须改变照本宣科或者生搬硬套地让学生对知识点进行死记硬背的教学方法,将知识本位转向素养追求,让教材知识与真实的社会情境相结合,通过知识的迁移与应用培养学生良好的道德法律意识与素养,实现对现实问题的有效解决,做到防患于未然,帮助学生在今后的成长中能够在违背道德法律的道路上及时止步。

三、初中《道德与法治》教学法治素养培育的主要策略

1.树立榜样,不断地提升教师自身的专业素养

在初中《道德与法治》教学中,要想有效地将知识本位转向素养追求,就应该提高教师的专业素养,并要求教师在教学活动的开展中,坚持立德树人的核心理念,并树立良好的榜样,这样才能够有效地对学生进行法治素养的培育。

首先,教师应该具备一定的研读教材的能力。在讲课之前,教师应该认真研读教材内容,并能够在教学的过程中将宪法教育与教材内容有机地结合在一起,按照不同的层次和深度对法律知识进行讲解。

其次,教师还应该积极地创新教学模式,激发学生对法律知识学习兴趣。教师在教学的过程中,一定要对自己现有的、传统的、生搬硬套的教学模式进行创新,从学生的实际生活入手,通过分析学生在生活中常见的法律案例来加深学生对法律法规的理解,从而有效增强学生的法律意识。

2.搭建平台,为学生法治素养的培育营造氛围

《道德与法治》教学虽然讲的都是教材上的内容,但是这些内容最终还是要落实到学生的实际生活中去,教师主要的任务并不是照本宣科或者生搬硬套地让学生对知识点进行死记硬背,而应该引导学生利用课本上所学知识去处理现实生活中遇到的各种问题,从而在提高学生判断是非能力的同时,培养学生的法治素养。

首先,教师应该根据学生的实际情况和教学内容来创设相应的教学情境,并在课堂上开展与教学内容相关的主题活动,积极引导和鼓励学生参与到具体的情景教

学中去。

其次，教师要拓展素养的培养途径。鼓励学生参与到社会实践活动中去，并通过这一形式来让学生对社会道德和法律规范有一个准确的认识，从而有效地规范学生的法治行为。

3.和谐沟通，构建友好型的师生关系

《道德与法治》课程由道德与法治两个方面组成，虽然在很大程度上两个概念之间有重合的内容，但是这两个概念还是有较大区别的。所以，在教学中，要想将知识本位转向素养追求，就应该引导学生更好地认识与区分道德与法治这两个概念，并教会学生判断道德与法治的内涵。而要想做到这一点，教师应该与学生建立友好型的师生关系，并与学生在课堂上进行良好的沟通，这样才能够更加精准地发现学生对概念的理解是否到位，才能够帮助学生纠正在观念上的错误，从而更好地引导学生理解道德与法治相关概念的内涵，使学生的法治素养得到进一步的提升。

在教学的过程中，教师不能一味地注重知识内容的讲解，而应该采取有效的教学策略，突出法治教育的重要地位，并为学生营造一个和谐的法治教育环境，从而使得初中《道德与法治》课程在学生法治素养的培育过程中发挥积极作用，最终有效提高学生的核心素养。

生活案例融入《道德与法治》教学的策略与实践

《道德与法治》学科以立德树人为根本任务，以培育核心素养为明确指向，以道德教育和法治教育相融合的方式聚焦青少年生命成长。要求教师在教学实践中要把握贴近学生实际、贴近社会、贴近生活的"三贴近"原则，精选与学生的生活实际紧密联系且能满足学生健康成长需要的生活案例运用于教学过程，突出正面引导，培养学生理性思辨能力，提升学科教学实效，引导学生树立正确的世界观、人生观和价值观，为学生的终身发展奠定基础。

一、备课设计生活案例，注重时政导向

教师在备课筛选、设计案例时必须紧跟时代步伐，关注与国家大政方针相关的社会热点、人类社会生存发展大事件，或是聚焦学生感兴趣的关注点，对学生进行正面引导，帮助学生知晓善恶明辨是非。

例如"2019年上海市正式实施生活垃圾强制分类，个人违规混合投放垃圾将被处以最高200元罚款"的规定开始实施后，为了让这一法规深入学生心田，我曾在备课"道德与法治"七年级上册第九课"法律的作用"时，设计了这样一个教学案例：将全班同学分成两组分别布置学习任务，第一组同学互相协作调查在校学生的垃圾分类状况，第二组同学利用课余时间在自家小区内观察垃圾投放点情况，要求两组同学将调查结果整合成多媒体素材做成PPT，在课上向师生展示垃圾强制分类中的各种行为，进行判断、做出选择、引发思考。实践证明，这一生活案例的设计，巧妙地融时政与知识为一体，从而化知为行，健康成长。

又如，2020年伊始，一场突如其来的新型冠状病毒感染肺炎（COVID-19）疫

情出现，把握防控疫情这一特殊时政事件，设计价值导向正确的教学案例，推出"生命·责任·家国"为主题的系列在线教学课程，引导学生理顺个人与集体的关系，坚决抵制错误疫情信息，向防疫战士致敬，直至积极投身社区群防群治的志愿服务；帮助学生懂得中华民族从来都是一个历经磨难、百折不挠、永不言败的民族，坚信没有一个冬天不可逾越，没有一个春天不会来临。

二、课堂妙用生活案例，创建高效课堂

教师应促使学生将课堂上习得的知识内化，并转化为生活技能。教师选用的生活案例必须精准贴切，在课堂教学中才能激发学生学习兴趣、引发师生和生生的互动讨论，让思维在碰撞中迸发，成功打造充满活力的高效课堂。

例如在学习《道德与法治》八年级上册第五课"做守法的公民"时，教师选取曾引发社会热议的张某破解密码偷骑ofo共享单车事件，设计了"ofo共享单车密码简单或者没有上锁，偷骑这种车子被中途抓到，算盗窃自行车吗？"这一问题，请学生从法律的角度进行分析讨论。

教师设置讨论问题，让学生以小组为单位进行思维碰撞，开展"头脑风暴"式的理性思辨，帮助学生在案例学习过程中掌握法律知识，解决实际问题，在讨论互动中放飞思维，形成正确的道德和法治观念，能够做出正确的道德判断与价值选择。

另外，课堂教学案例的运用也要注意与学生的现实生活紧密关联，激起学生的真实情感，引发学生的态度体验，促进学生在情境中产生心理共鸣。

例如在讲授六年级《道德与法治》下册第六课"走近老师"时，我精选了学生升入初中后在课上、课下、军训、运动会、艺术节、科技节、春游……与老师相处的点点滴滴美好校园生活时光的图片，并将这些图片制作成PPT，创设让学生置身其中的教学活动情境，提高学生的参与度，将知识融入生活，"润物细无声"地实现育人目标。

三、课外收集生活案例，储备教学资料

首先，教师自己应留心日常生活中的点滴经验积累，注重家庭生活案例的收集，

做到有备无患、厚积薄发，让课堂教学更加生动形象。

例如在学习《道德与法治》九年级上册第四课"建设法治中国"时，涉及一个比较艰涩难懂的知识点"财产所有权中使用、占有和处分权"，我尝试结合身边的日常家庭生活来进行解读，想起了平时收集积累的一个案例：学生小王的父母在市区买了2套房，小王全家住进了其中一套房子，这是财产所有权中占有权的表现；而小王的父母将另外一套房子租赁给别人，这是财产所有权中使用权的表现；当小王成年后，小王父母将一家人居住的房子房产证名字变更为小王，这是处分权的表现。这样一个简单案例的多角度解读，帮助学生对知识点的理解从模糊到清晰，从陌生到了解，由此让学生豁然开朗。

其次，鼓励学生留意生活点滴，注重生活案例的收集。教师要关注学生已有的知识基础、留心学生现有生活中的点滴经验，将学生的生活经验与教学内容建立起内在联系并整合成案例。

例如《道德与法治》八年级下册第二单元第三课"公民的基本权利"教学中，学生对于公民的平等权、人身自由权、社会经济与文化教育权利这些抽象的权利名词理解起来有一定难度，但结合教材中的例子和自己的生活实际能够当堂掌握。因此教师可以结合初中生青春期的身心特点，鼓励学生以与自己日常生活密切相关的"隐私权""监护权"为切入点，以家庭生活为背景，收集与此相关的案例运用于教学，帮助学生切实掌握"公民的基本权利"相关知识，从而引导学生树立法律意识，理解法治思想、崇尚法治精神。

再次，可以借力家长配合支持补充生活案例。教师不妨与家长以博客、微信、QQ或"晓黑板"等多种方式建立联系，及时反馈教学进度，要求家长配合留意教学内容，在日常生活中遇上与书本知识相关的生活案例时，能够收集反馈给老师。教师对这些案例再做进一步的筛选，运用于课堂，让教学丰富多彩。

四、开展社会实践活动，统整多方资源

苏联教育家马卡连柯说过："在学生的思想与行为中间，有一条小小的鸿沟，需要用实践把这条鸿沟填满。"这启示我们，教师要带领学生在课堂学习之外走出校

门，走上社会，积极开展丰富多彩的社会实践活动，统整多方资源，补充生活案例以辅助教学，拓展课堂教学的宽度与力度。

比如，开展到敬老院、福利院、街头巷尾义务献爱心做好事的活动；利用休息日参观博物馆、纪念馆、展览馆的活动；参与街道办、居委会的志愿者宣传和践行文明城区的活动；寒暑假游学调研撰写社会实践调查报告的活动等。又如，为帮助学生了解国家机构的性质与职责、增强制度自信和国家认同、培养学生有序参与政治生活的意识，可以与区人大代表取得联系，开展"与人大代表面对面"的访谈活动，并整理采访记录，了解人大工作职责；可以与区人民法院取得联系，经批准后带领学生去现场旁听案件审理，感受庭审的庄严氛围、了解庭审的正规程序；可以走访监察委员会委员，了解监察委员会的工作；也可以鼓励学生开展"模拟政协"活动，让学生做"小政协委员"提交提案，帮助学生形成关心身边事、关心家乡变化的习惯，培养社会责任感，用实际行动关心民生、关心社会。

综上所述，生活案例基于学生最为熟悉的生活日常，其教育优势显而易见，有利于实现情感共鸣与价值认同，更好地促进学生身心健康发展，从而促进道德与法治学科教学目标的高效达成。

新课程理念下思想政治课
教学应注重"四新"

新一轮的课改要求教师必须具有新课程理念，在教学中更加注重培养学生的创新精神和实践能力。作为从教多年的思想政治课教师，我深刻体会到要提高思想政治课教学的实效性，当务之急应注重把握好"四新"：

一、教学观念应"更新"

教学观念"更新"，指的是教师及时顺应新形势、按照新课标的要求，坚持合乎时代的新思想、新观点，让学生的思想在教师的引导下始终走在时代的前列，真正实现"一切为了每一位学生的发展"。

新课程倡导民主、开放、科学的理念，教师和学生是课堂的创造者和主体。因此，教师必须以先进的教育理论武装头脑，要成为多面手，才能有新思路、新视角。例如，在政治课的教材中并未出现"社会主义和谐社会""资源节约型社会""全面、协调、可持续的科学发展观"这些热点问题，但这些热点极为重要，而且学生很感兴趣，必须及时、准确地向学生讲清其科学内涵。这就要求教师首先要增加自身知识储备量，广泛收集信息并加以分析、处理。

二、教学方法应"创新"

教学方法"创新"，指的是教师在教学过程中针对不同的内容采取不同的方法，善于发挥学生的主体作用，把学习主动权交给学生，使学生也学会质疑、分析、探究、发现问题的方法。

例如，为了突破教材中的难点，我经常运用"读、讲、议、练"结合的方法，将书本上的知识化繁为简并与现实情境有机结合，组织学生进行充分讨论与互动交流，引导学生发现问题、分析问题和解决问题，启发、唤醒学生的主体意识。在《树立正确的消费观》教学中，鼓励学生利用周末时间走进市场，以调查问卷和访谈的形式，开展社会调研，考察、了解社会消费群体的消费状况，学会在五花八门的消费现状中甄别真伪，树立正确消费观念。在讲解矛盾的对立统一时，以"经济全球化是双刃剑吗"为主题，组织学生展开辩论赛，深刻把握"一分为二"的观点。

三、思维方式应"求新"

思维方式"求新"，指的是教师能打破自身的思维定式，做到思想解放，富有创造性。新课标要求教师学会给学生设置一点困难，让他们去解决；给学生一个问题，让他们去探究；给学生创造一些条件，让他们去磨练；给学生一片空间，让他们去拓展。

比如，在分析"全面、协调、可持续的科学发展观"这一知识点时，如何突破理解上的困难以让学生更准确、深刻地理解，我采取改变教师讲、学生听的单向传输形式，代之以"授人以渔"方式。

首先，我布置了一个研究性学习课题"我看可持续发展"，要求学生结合书本知识利用课余时间对我国当前的GDP值、精神文明的现状、资源的开发状况、生态问题与人口问题等进行调查，收集相关资料，独立思考，合作探究。

其次，在经历了观察、质疑、分析、探究的过程后，要求学生围绕科学发展观"是什么""为什么""怎么样"写出富有个性的调查报告。最后，再通过同学、教师的总结评价达成共识。如此，学生不仅亲身感受到经济、哲学、政治等知识的价值与理性思考的意义，明确了在学习"科学发展观"上存在的问题与解决对策，更了解到自己作为一个公民所承担的责任与义务，真正实现了人的发展、社会需求与学科知识的有机统一。

四、双边活动应"出新"

　　双边活动应"出新",指的是教师安排的活动颇有新意,能调动大多数学生积极参与的兴趣。课堂教学要达到最优化的效果,还应借助社会这个大课堂。例如,在学习之余,我带领学生走进企业,创设了模拟记者招待会与企业家交流互动的学习活动,为学生的探索创新提供了充分的空间。

　　做个真正的好教师,就要适应新的教学形势,接受新的教学理念,从而实现教学效果的最优化。唯有如此,才能不断激发高中思想政治课的无穷活力。

让教学之花在"空中"绽放

庚子初春,一场突如其来的新冠肺炎疫情打乱了学生的正常在校学习。为贯彻落实教育部"停课不停教、停课不停学"相关要求,上海于2020年3月2日开启了全市中小学大规模"空中课堂"在线教学。我们政治组教师也积极行动起来开展战"疫"时"课",全力投身于疫情防控和在线教学第一线,运用各种网络手段积极开展网上教学、线上辅导、答疑解惑、作业批改等工作,真正实现了"停课不停教与学"。

在网络教学这一特殊的课堂上,没有我们熟悉的三尺讲台,没有我们亲切的那一支小小粉笔,面对的,只有找不到与学生有互动感觉的电脑和鼠标……对学校选定的钉钉教学平台我们更是一无所知,茫然一片,该怎样上好网络课程呢?困惑之时,迷茫之际,如及时雨般,学校心有灵犀地组织安排了一场直播课程运用的教学培训,专业技术老师为我们开设了一节网络直播培训课,及时解答了我们心中的疑惑、拨开了我们心中的迷雾,让心中所有的困惑豁然开朗。然而,纸上得来终觉浅,理论必须在实践中检验方可奏效。于是,直播课结束后,我们政治组的全体教师退出了直播间,却没有离开电脑,我们趁热打铁利用微信、QQ等方式讨论解决该怎样运用教学平台开展教学的相关问题。经过一个下午的摸索、试用与交流,最后我们决定摸着石头过河,化繁为简,尽量将自己已掌握的电子教学方式和钉钉教学平台进行融合,边教边悟边进步。就这样,我们成功征服了网络教学的入门困难,之后的在线教学开展起来就比较顺利,老师们主要采用电脑钉钉教学平台、腾讯会议结合手机(微信、投屏)的授课方式,实践出了一些行之有效的方法与经验。

首先,网络授课前要充分做好各种预案。政治课的一个重要特点就是板书的预设性比较强,可以在备课时将教学主要内容都做在PPT中,课上逐条播放即可;课堂上根据学生在对话栏中反映的问题，钉钉平台可以及时调整PPT的播放内容，对学生的问题即时进行补充说明，这是十分便利的。同时，做好应急预案非常必要。在线教学过程中有时可能会出现一连串的不稳定因素，比如有线电视打不开、网络卡慢、断网、有图像无声音、话筒声音不清晰，等等。为避免这种种可能的出现，可以在每次课程结束时告之学生下次上课的内容，课前提早检查设备以免手忙脚乱，课后提供一份知识备忘请学生做好回顾整理。

其次，网络授课时要及时加强和学生的沟通。每次下课后我们都会去回看自己的讲课过程，有时会发现因为网速的卡顿会有PPT翻页的一个延迟，所以授课时一定要经常和学生沟通看一看屏幕共享是否及时，这样才能第一时间发现并解决问题。还可以边上课边将学生在课堂中生成的问题在钉钉群中以文字形式互动回答并进行保留，方便学生课后的再消化学习。

再者，网络授课时要注意细节的改进。网上授课和课堂授课不同，所以教师的语速一定要慢，在授课时要即时关注学生的反应，可以一边用电脑进行直播，另一边用手机关注评论区学生的反馈。在具体讲题过程中，我们发现直播的连麦其实效率非常低，每次连麦都要花较长时间才能与学生建立联系，所以后来便将师生互动的环节采取腾讯视频会议的形式，这个时候所有的学生都可以共同连麦，学生回答问题也比较方便。

另外，网络授课时还要注意开展个性化的教学以提高教学效率。比如，在讲练习时，因为不能面对面地了解学生具体的答题情况，可以课前先征集错误题项以及学生有疑惑的知识点，上课时就能有针对性地讲解，不浪费时间在不需讲解的题目上，还能把缺漏的知识点及时补充、巩固。还有就是有些作业在课堂上当场完成也能取得令人意想不到的效果。例如选择题的当场训练让学生的积极性很高，有些在线下教学中不喜欢发言的学生在线上教学中往往争先恐后地发言，虽然结果有对有错，但可以给学生留下较深的印象，有效调动了学生在线学习的积极性。总之，疫情线上教学期间，政治组的每一位老师都把自己当作了抗击疫情的战士，想尽一切办法，为我们的学生提供优质教学，为全民抗疫奉献自己的微薄之力，努力让教学之花在"空中"绽放。

"停课不停教、停课不停学"的在线教育教学的骤然到来，让教育者们所构想的

"时时能学、处处可学"的未来学习场域与情景以一种加速度的方式迅速走向我们,为我们重新把握教育契机、变革教学方式、展望未来学习前景提供了一次很好的反思机会。可以预见的是,未来的学习一定是线上教学与线下教学的有机融合实践。疫情期间的在线教学让我们教师成了最美一线"主播",一边在网络上娓娓道来积极探索在线教学的有效方法,一边增强师生互动寻求在线学习效益的最大化;教师们在教学、辅导过程中不断生成教学资源,不断突破提升自我,积累了在线教学的成功做法,收获了在线教学的宝贵经验,掀起了"勇立潮头显担当、抒写教改新篇章"的浪潮,逐步掌握了代表未来教育方向的混合式教学技术,预演了未来社会的教育方式,共创教育的美好明天!

2 课堂领域中的深研

【从教心语】

教师的本领在课堂中体现，教师的学科力在课堂中展现，教师的育人能力也在课堂中呈现。课堂，是教师专业发展的特定空间，是教师串起培养目标与学生成长的平台。站稳课堂，就争得主动；发力课堂，即惠及学生；赢得课堂，就赢得未来。课堂，是教师终身磨砺的"战场"；学生，是教师一生琢磨的对象。课堂与学生，是成就教师基业的"良师益友"。

"教师主导、学生主体"教学模式的有效构建

"教师主导、学生主体"的教学模式是实施素质教育的核心内容之一，是贯彻创新教育的主体性内容。当代中学政治课教学在信息化、高新技术、多元文化等冲击下，正面临着一系列全新的挑战。"教师主导、学生主体"的教学模式正是适应这一要求而改进教学策略，从而深层次地推动中学政治课教学改革的发展。

教师·主导性引导

在课堂教学的实施过程中，应充分体现新课程的核心理念——一切为了学生的发展。我认为：教师的主导作用集中体现在教师对引导性问题的设计和对教学讲解艺术的把握上。

一、引导性问题的设计

在中学思想政治课教学中，教师首要解决的问题就是如何设计一个引导学生思考、激发学生的创造性思维和想象能力的引导性问题。为此，可以采取以下有效策略：

1. 问题的设计应重点突出。教师设计问题，在充分研究与分析教材的基础上，把握重点，提炼出关键性问题。教师所提出的问题要引起学生学习兴趣，激起学生思考，使学生通过交流与探索提升和生成新的问题。

2. 问题的设计应灵活多样。不能只按语言表达方式呈现给学生，而应采用多种方式呈现，如图片认读、媒体欣赏、实物观察、活动观察等。通过不同呈现方式，

使学生始终对问题感到新鲜和奇特，不断满足学生心理需求。

3. 问题的设计应真实可信。教师呈现问题，不论语言呈现还是情景呈现，必须做到真实，使学生感到自己接触的问题是接近现实生活的，而不是在研究和探索虚无缥缈的东西。

4. 问题的设计应贴近学生。根据"最近发展区"理论，问题要接近学生生活实际，接近学生年龄特征，接近学生知识与能力基础，而不是"断代"问题。因此，在设计问题时，要提前预设和安排好问题铺垫。

教师与学生带着问题走进对话，使问题解决逐步走向深入。在这一过程中，引导性问题的设计是教学的最高艺术，它不仅体现着教师的综合素质，而且体现着教师的教学理念是否先进，体现着教师的主导作用是否有效。

二、教学讲解艺术的把握

政治课教学不同于单凭语言来塑造形象的文学艺术，它是政治教师娴熟地运用综合的教学技能技巧，按照科学和美的规律而进行的一种独创性的教学实践活动。在这一过程中，课堂教学讲解艺术的掌控显得更为重要。

1. 讲解要讲在学生的需求点上。当学生产生学习需求且通过自己努力不能实现所求目标时，教师可根据学生的需求进行指导式讲解，让学生在提高学习能力的过程中满足学习追求；当学生需求不高不能积极参与教学过程时，应通过互动式讲解，让学生在互动中受到激励和鼓舞，增强其参与的信心和动力。

2. 讲解要讲在学生的兴奋点上。学生关注的社会时政热点、焦点问题，正是教师巧妙地结合学习内容进行讲解的兴奋点。这种讲解，必须以学生的充分讨论和探讨为前提，通过讲解帮助他们取得共识，帮助他们将兴趣转变为掌握知识、运用知识，提高分析问题和解决问题的能力。

3. 讲解要讲在学生的思考点上。当学生深入思考某个问题而难解疑困时，教师应给予帮助式的讲解，使学生的思考深入下去，引导他们获得学习成果；当学生用自己习惯的思维方式不能深入分析问题时，教师要给予指导式的讲解，帮助他们获得学习成果。

4. 讲解要讲在学生的感悟点上。当学生通过学习有所感悟时，正是通过教师讲解进一步深化感悟、培养能力、启迪智慧的好时机。在学生有感而发、有感而问、有感而究之时，教师要及时把握时机，运用激励式教学策略，肯定学生的进步，讲解如何进一步思考，才能获得更好的学习效果，从而有效提高学生的学习能力。

在课堂教学中，教师应以巧妙的启发、精妙的点拨，面向全体，激发学生的学习积极性，激励学生顺利进入学习角色，大胆发表自己的见解。对于学生的发言，教师不能简单地肯定或否定，而应从不同的角度予以鼓励，并且及时讲解点拨，帮助学生扫清学习障碍。

学生·主体性学习

教师应更新教学观念，坚持教师是教学活动的主导角色，把学习的主动权交给学生，使其真正融入主体性学习的角色中。

一、主动参与模式的主体性学习

"教师主导、学生主体"教学模式的关键部分在于这种模式在课堂教学中的应用和实施。这一模式改变了教师"一言堂"的传统教学模式，将呆板、生硬的记忆性传统思想政治学科教学变成生动活泼、颇有成效的现代教学。可采用以下有效策略：

1. 学生在课堂上有充分的时间主动参与教学活动，做到人人动脑、动口、动手，参与实质性的教学活动。

2. 创设问题情境，让学生带着问题主动去探索，在教师的启发、点拨下悟出道理，得出相关结论。

3. 鼓励学生独立思考，敢于质疑，自求解答，培养学生主体精神和社会责任感。

4. 处理好传授知识与培养能力的关系，开展研究性学习及相关的社会调查活动，引导学生合作探究，在实践中求知，促进学生在教师指导下主动地、有个性地学习。

5. 在具体教学环节安排上，多一些民主，少一些包办；多一些点拨和指导，少一些讲解、分析问题，充分调动学生自主学习的积极性。

二、自主学习模式的主体性学习

学生的主体性学习模式，教师还可以通过让学生自学来达成。教师要尽可能地给学生提供背景材料供学生参考，帮助学生开阔视野、拓宽思维。在学生自学前，教师可以有针对性地设置相关问题，要求学生思考、分析并解决问题。在自行阅读大量材料的基础上，可让学生互相展开讨论乃至辩论，多维度、多角度地进行发散思维，加强对基本理论和知识的渗透性理解。这对于提高学生学习的主动性，有效进行教学有着较好的作用。

另一方面，还可以让学生在自习的基础上进行课堂讲课，谈谈自己对章节内容重、难点问题的理解，这在一定程度上也可培养学生的口头表达能力和逻辑思维能力。教师应通过系统化、条理化的分析引导，让学生明白道理、获得启示，从而透过现象把握本质。如有必要，还可以适量地布置课后探究作业，充分调动学生的主体学习积极性，引导学生的思维向纵深发展。

理想的教学要求教师的主导性与学生的主体性都得到充分的发挥，实现二者和谐完美的统一。"教师主导、学生主体"的教学模式正是基于这一要求，充分发挥师生间的双向作用，让课堂焕发出无穷的活力，从而显著提高思想政治课教学的有效性。

精心设计板书　成就高效课堂

一直以来，课堂板书既是反映教学内容的"镜子"，又是教师教学风格的凝练和浓缩，被称为教师的"微型教案"。尤其是手写板书，在教学手段和教学方式日益现代化和多样化的今天，仍然是现代教学过程中不可缺少的辅助手段，也是提高课堂教学效益的重要环节。

教学过程中，粉笔的痕迹，就是课堂的痕迹。教师基本功比赛"写粉笔字"是其中不可或缺的一项，一手娴熟优美的板书，是教师必备的基本功。

一、逻辑架构式的板书，开拓学生思维潜能

一则精心设计的板书在整堂课教学中起着画龙点睛的作用，对于提纲挈领地呈现教学内容、掌握教学的要害问题至关重要。

例如：我在讲授高二政治常识《当代国际关系中的合作与竞争》一课时，以全球性的气候问题"减排大战"为背景，设计了六个相关的问题链要求学生思考讨论：1."减排大战"中，各国竞相争夺的分别是一种怎样的权利？2. 各国争夺权利背后的共同目的是什么？3. 为了维护各自的利益，国与国之间呈现出了怎样的关系？4."减排大战"中，哪些国家处于强势地位，哪些国家处于弱势地位？5. 国与国之间处于不同地位的原因可能有哪些？6. 有效应对全球气候变暖问题，各国应该反思并做些什么？这六个问题，环环相扣、层层递进，由浅入深地引导学生进行逻辑思维，

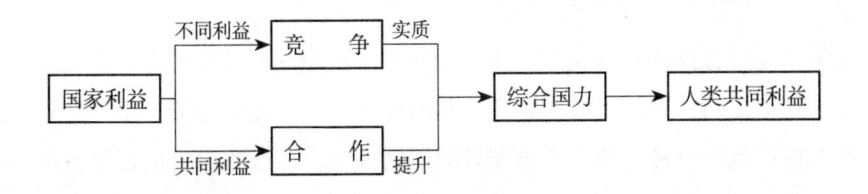

国家利益 —不同利益→ 竞争 —实质→ 综合国力 → 人类共同利益
国家利益 —共同利益→ 合作 —提升→ 综合国力 → 人类共同利益

并在此基础上要求学生建构知识网络图，以不断拓展学生的思维深度。为帮助学生建构知识间的逻辑关系，我设计了如上页所示的课堂板书（知识网络）。

这一手写板书，是随着授课的进程逐步慢慢呈现出来的，知识清晰、逻辑紧密，它是整堂课的浓缩与精华，使学生能够窥一斑而见全豹。一节课下来，《当代国际关系中的合作与竞争》中的知识脉络在学生脑海中留下了清晰而深刻的印象，从而较好地理解了基于国家利益的合作与竞争是当代国际关系的特点和表现，主动建构了合作与竞争、国家利益与人类共同利益等知识之间的逻辑关系。

二、思维导图式的板书，增强学生记忆能力

思维导图是一个有趣又好用的思维工具，权威统计显示使用思维导图可以提高学习工作效率20%，可以有效增进理解和记忆能力。

例如：我在高三复习《国家的宏观调控》这一内容时，对于繁多的知识点的梳理，首先运用思维导图将这些内容从"是什么、为什么、怎么办"三个方面进行了归类，然后要求学生上黑板板书出每一个方面的具体内容，再经过师生共同修订，形成了板书如下：

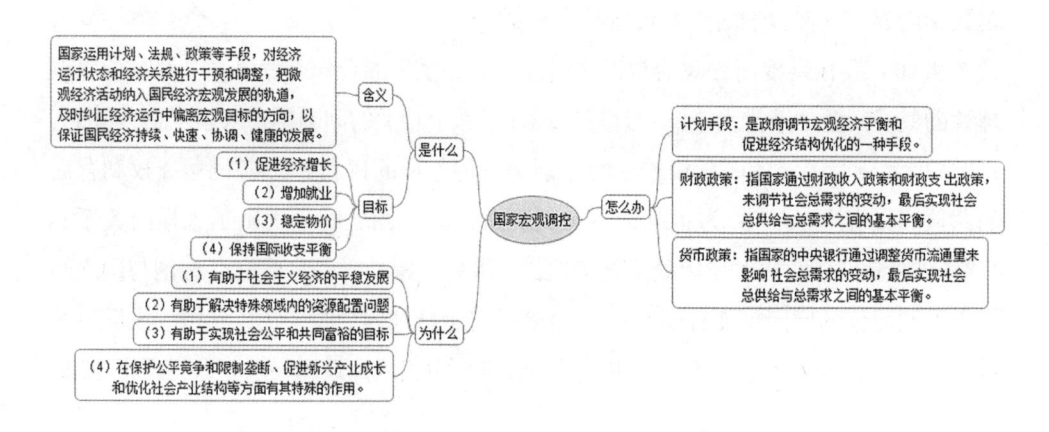

艾宾浩斯记忆曲线告诉我们：人的记忆是有规律的。具体到每一个人，因为生理特点、生活经历的不同，可能会有不同的记忆方式、记忆习惯、记忆特点。但是如果我们能够找到一种对众人普遍有效的记忆方法，那么我们的记忆能力就如顺水

扬帆，一日千里。思维导图式的板书，就是增强记忆的一个有效法宝。教学过程中，只要我们不随便擦掉，板书会一直留在黑板上，这样不管是课上还是课下，学生都能看到师生共同的板书，便于学生结合板书思考回忆相关的教学内容，在脑子里打下深深的烙印。

三、演绎推理式的板书，引领学生走近课本

教师在教学过程中，可以根据教学的需要在黑板上以凝练的文字语言或形象的图表有步骤、有过程地演绎出相关的教学内容，这是师生在课堂上最简易、最直观、最固定地利用视觉交流信息的渠道。手写板书的过程也是一个课本知识的演绎过程，那种缺少演绎过程、只有知识结果展示的板书，毫无疑问是缺乏生命力的。

例如：我在讲授高二政治常识《人民代表大会制度》一课时，为帮助学生完整系统地掌握知识，与学生共同梳理出了该课的关键词：人民、人民代表、人民代表大会、人民代表大会制度、人民当家作主，要求学生建构这些关键词之间的关系。经过师生共同努力，运用演绎推理的方法，层层推进，最后形成了课堂板书如下：

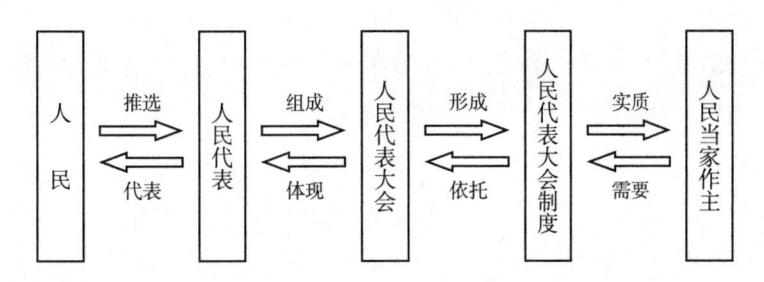

人民 ⇌（推选／代表）人民代表 ⇌（组成／体现）人民代表大会 ⇌（形成／依托）人民代表大会制度 ⇌（实质／需要）人民当家作主

如此，我们借助手写板书这一媒介，把那些需要经过逐步动态和师生共同板书、演绎推理才能逐步完善形成整体的教学内容，通过黑板板书的形式，以扼要的文字及简明的图画，生动地反映出了其互动、推理的过程。——这是师生双方智能（知识、技能）沟通的纽带和桥梁，达到了教材内容与教师讲授、学生学习合拍共振的效果。

四、归纳总结式的板书，提升学生学习效能

恩格斯曾说过:"言简意赅的句子，一经了解，就能牢牢记住，变成口号；而这是冗长的论述绝对做不到的。"课堂板书是教学重难点的高度概括，与讲解一样，贵乎"少而精"，板书设计要炼字炼句，力求用最经济的语言表达最丰富的内容。

例如：我在讲授高一经济常识《新型工业化道路》一课时，先联系上海日新月异发展的地铁行业，点拨出其四个特征：科技含量高、资源消耗低和环境污染少、经济效益好、人力资源优势能够得到充分发挥；再由学生课堂讨论交流信息化与地铁行业的密切关系，从而了解地铁行业的一个重要标志是：信息化带动工业化。最后将这些特征与标志进行归纳，总结出了什么是"新型工业化道路"。得出这一内容，我设计了如下板书：

```
科技含量高
资源消耗低和环境污染少  ⎫
经济效益好              ⎬ 新型工业化道路的特征 ⎫
人力资源优势能够得到充分发挥⎭                    ⎬ 新型工业化道路
                                              ⎭
信息化带动工业化  ⟹  新型工业化道路的标志
```

归纳总结式的板书，是教师教学思路的体现，是教师艺术构思的展示，亦是教师对教材的研究、分析及自身能力的高度提炼，更是在归纳教材知识的基础上，进行更高层次的概括、升华、深化。这样的板书，既有利于学生系统学习新知识，又注意点面结合；既能突出重点，又能讲清难点。——思路清晰、善于总结、归纳规律，是高品质学习能力的表现。能够把所学知识点归纳成体系，使学到的知识系统化、规律化、结构化，这样才有利于提高学习效能，完善智能发展。

课堂上，教师根据自己的教学意图和教学特长进行精心设计，可以让板书大显神通、大展身手，在教学中发挥出巨大作用。板书就是课堂灵动的生命——让呆板的黑板变得栩栩如生，让师生的距离变得亲密贴近，让平凡的课堂变得活力四射。精心设计的板书，绝不是教学中可有可无的点缀，而是课堂上一道不可或缺的亮丽风景。

课堂有效设问的策略

在实际教学中,发现课堂中难免会生成一些无法预料的问题。于是,我常会思索:如何才能在预期教学结果和学生现实情境之间架构一座桥梁?为了找寻到这样一座桥梁,我进行了课堂有效设问策略的探索:即以"问题"为载体,通过一系列情境化"问题"的设计,达到促进学生自主学习、合作探究、综合素质提高的目的。实践证明,有效的课堂设问既能调动学生的注意力,又能启迪学生的思维,有效解决课堂真实问题。

一、注重激趣的设问策略

爱因斯坦说过:"提出一个问题往往比解决一个问题更为重要。"提出问题是课堂教学的重要环节。根据"最近发展区"理论,教师提出的问题要能激发学生的学习兴趣,要贴近学生的生活实际,接近学生的年龄特征,而不是"断代"问题。因此,设计问题时,要提前预设和安排好问题铺垫。

以高一经济生活《劳动者的权利和义务》为例:课堂上我模拟了一个招聘现场的环境:有一个求职者想应聘某大商场的保安工作,但他是乙肝病毒的携带者,如果你是招聘者,你会聘用他吗?这一问题学生大感兴趣,马上开始了热烈的讨论。各抒己见之后,我没有直接点评,而是播放了视频《1.2亿病毒携带者陷维权困境》。播放完毕,我提出了三个问题:问题一:视频中的乙肝病毒携带者在积极争取一种权利,这是一种什么权利?问题二:为了使更多的乙肝病毒携带者顺利地享有权利,必须做出哪些方面的努力?问题三:乙肝歧视对劳动者有着怎样的危害?
……

这样,通过精心设置一个个学生感兴趣的问题对本课知识进行逐层剖析,揭示出种种就业歧视现象，使学生感受到维护劳动者平等就业权的重要性，也增强了他们对劳动法等有关法律条文的理解，从而提高了维权意识；同时亦有效地激发了学生积极主动地进行思考，展示自己的智慧、表现自己的能力。

二、注重层次的设问策略

教师设计的问题要富有层次性，材料包含的问题信息要有层次，在思维硬度上要体现出层次感，以帮助学生逐步、由浅入深地达到对事物的认识。

以高二政治常识《我国政权对内对外的国家职能》为例，教学时，结合2010年上海世博会的举办，我设计了这样的问题：2010年上海世博会要办成一届成功、精彩、难忘的世博会，我国面临着一系列艰巨的任务和挑战。上海市政府完成这些任务体现了哪些国家职能？这个问题比较简单，学生很快找出了相对应的知识。但怎样深化这些知识，让学生能够更深层次地拓展思维，我采取了以下策略：要求学生围绕"对内国家职能""对外国家职能"两个主题收集与世博会相关的资料并对资料进行分析，结合"如何才能办好一届成功、精彩、难忘的世博会"这一问题，课余开展自主探究或合作探究活动并记录下相关结果；要求每位同学综合探究的结果写出一份"我心目中的上海世博会"的提案，并将其以一个普通的上海市民的身份提交给上海市市长热线。

……

上述问题的设置既注重学生深化教材对既有知识的掌握，也注重对学生了解、分析社会现象的能力的考查。通过这样富有层次性问题的设置，教师带动学生由浅入深、由易到难地不断探究教材内容，同时亦有效地落实了情感、态度、价值观教育。在此过程中，能够有效地唤起学生的学习热情，挖掘出其个体学习潜能。

三、注重启发的设问策略

教师设计的问题，不论语言还是情景呈现，必须能够激发学生积极地思考和主动地探究，使学生感到自己接触的问题是接近现实生活的。同时，提出的问题要能激起学生思考，使学生通过交流与探索提炼和升华课本知识。

以高一经济生活《国家的宏观调控》为例：为了帮助学生透彻掌握"宏观调控手段"，课堂上我设置了这样一个问题："2011年国家为有效抑制通货膨胀，可以运用怎样的货币政策？"学生很快作出回答：央行上调存款类金融机构人民币存款准备金率、上调金融机构人民币存贷款基准利率。我继续追问："中国人民银行的举措为什么能够抑制通货膨胀呢？"这个问题一出，同学们陷入了沉思，之后同桌间开始了讨论交流……

我知道这一问题是多数学生心中都有的困惑，怎样才能最有效地解决这一困惑呢？于是，我进一步提出了两个引导性的问题："请同学们想一想，参与存贷款活动的市场主体有哪些？国家货币政策的调整对他们的经济活动都有什么影响？"这两个问题，瞬间引燃了同学们的思维亮点，激发了同学们的讨论热情，于是三三两两展开了热烈的讨论。最后大家得出了一致的答案：金融机构存款准备金率和存贷款基准利率都是影响货币流通量的重要因素。央行上调金融机构存款准备金率和存贷款基准利率，会使银行减少向企业和居民贷款，社会上流通的货币总量会减少，企业投资、居民消费需求会减少，从而让社会总需求降温，有助于缓解通货膨胀压力。

这节课我不仅顺利地完成了知识的传授，更重要的是启发了学生的思维，拨开了学生思想上的迷雾；而且在此基础上引导学生思考了一个又一个富有启发性的问题，通过逻辑推理式的点拨，激活了学生的思维，实现了学习的延伸和知识的升华。

新课程教学更为注重以"问题"贯穿始终。有效的设问策略，能够有效地促进学生在教师的指导下主动地、富有个性地学习，以"问题—评价—解决"为核心，教师与学生带着问题走进对话，使问题的解决一步一步走向深入。

基于生成之美的教学

《国家的宏观调控》是高一经济常识第七课"市场经济与宏观调控"中极为重要的一个内容。该内容集理论性、时效性于一体,它的教学,不仅需要教师有着扎实的理论功底,更要具备敏锐的时政眼光,极能彰显政治教师的水平与能力。然而,令我始料不及的是:为了上好这节课,历经一波三折,方才悟出了"有效教学"这四个字的个中深意。

一、口若悬河,惨遭"一败涂地"

【课堂教学实录】

第一次试讲,教师滔滔不绝、自我感觉良好:时政热点材料准备充分、理论表述讲解透彻到位、教态亲切自然。当"讲解"结束后,我想检查一下学生的听课效果,于是提了一个问题:"为了应对金融危机,我国出台了哪些宏观调控手段?"可是问题出来后,教室里竟然鸦雀无声、无一学生回答。最后,教师只好自问自答。这就是第一次试讲:一边是教师的慷慨激昂,一边是学生的无动于衷,课堂教学冷冷清清。

【教师反思感悟】

看来,"一支粉笔、一张嘴"的空洞理论说教并不受学生欢迎,而且学生难以用书本获得的知识解决现实世界中的真实问题,必须重新进行教学设计。几番思虑,我决定采用"问题教学法"组织教学:课前学生预习提出相关问题;课堂上,针对预习梳理出的问题,学生阅读教材、合作讨论、各抒己见,从而将枯燥抽象的知识变得生动、形象、有趣。相信这样的教学应该能够一扫课堂的空洞苍白,达到较好的效果。

二、自以为是，体会"有苦难言"

【课堂教学实录】

第二次试讲，教师将学生自己预习梳理出的问题进行了一一展示，学生或自主探究或合作讨论答案，课堂气氛十分活跃。当生本互动、生生互动到一段时间后，教师请同学推选一名代表回答。这位同学从"是什么、为什么、怎么办"三个方面对宏观调控的所有知识进行了完整的概括。回答结束后，其他同学脸上也明显摆出"书上答案就是这样的"表情，一致认可他的答案。这一情况让教师始料未及：学生将教师课堂最后的总结提前讲完了，怎么办？我只好有些尴尬不安地表扬一番学生的归纳能力，并匆匆地展示了相关的时政热点来印证书本知识点。这就是第二次试讲：一边是教师的自以为是，一边是学生的出人意料，课堂教学二度受挫。

【教师反思感悟】

看来课堂讨论并非万能的，有时会导致无序和失控，甚至会将课堂教学逼入绝境。那么，怎样才能真正上好这节课？我再一次进行了认真反思：以主动学习代替说教灌输是本节课的亮点，是教学的有效性所在。失败的主要原因是课堂预设与生成之间的矛盾冲突，预设时低估了学生的实际水平，面对学生生成的回答，缺乏应变机智。思想问题解决后，教师再一次调整了教学设计：学生通过预习梳理出知识点，教师在课堂上展示学生的预习成果（梳理知识框架）即可，将本节课的重头戏——互动讨论、合作探究的环节放置教学中，着重尝试采用"情境导入——问题引领——知识呈现"的方式帮助学生化文本为情境，引导学生于一定的时政情境中感悟体验知识，在积极讨论、相互启发中尝试自主释疑。

三、生成之美，迎来"豁然开朗"

【课堂教学实录】

第三次试讲，教师首先选取了几份学生课前的预习成果（知识框架的梳理）作了一个展示，之后在学生已有的基础上进行师生合作，共同归纳了宏观调控的知识框架体系如下：

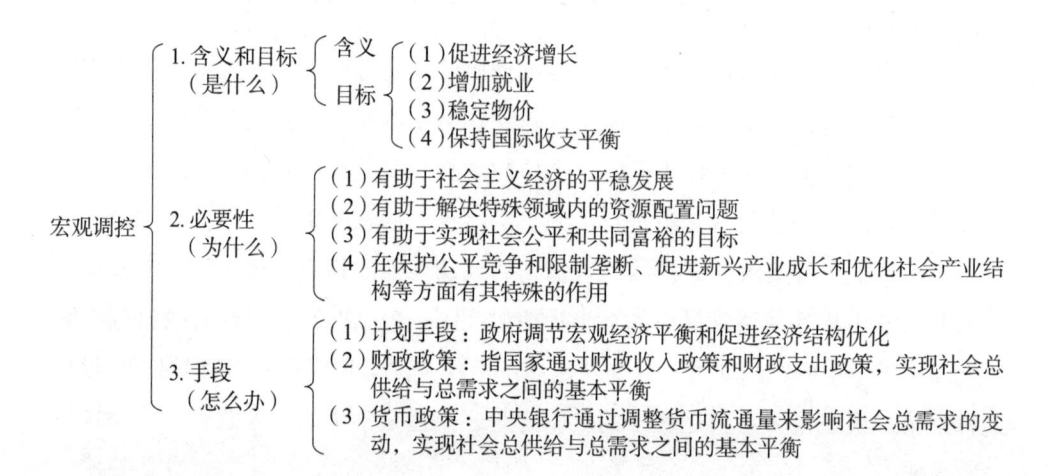

宏观调控
- 1. 含义和目标（是什么）
  - 含义
  - 目标
    - （1）促进经济增长
    - （2）增加就业
    - （3）稳定物价
    - （4）保持国际收支平衡
- 2. 必要性（为什么）
  - （1）有助于社会主义经济的平稳发展
  - （2）有助于解决特殊领域内的资源配置问题
  - （3）有助于实现社会公平和共同富裕的目标
  - （4）在保护公平竞争和限制垄断、促进新兴产业成长和优化社会产业结构等方面有其特殊的作用
- 3. 手段（怎么办）
  - （1）计划手段：政府调节宏观经济平衡和促进经济结构优化
  - （2）财政政策：指国家通过财政收入政策和财政支出政策，实现社会总供给与总需求之间的基本平衡
  - （3）货币政策：中央银行通过调整货币流通量来影响社会总需求的变动，实现社会总供给与总需求之间的基本平衡

梳理知识框架的目的是要了解学生学习的真实起点。基于学生真实的学情，教师创设了如下课堂教学情境：

〖情境导入〗

时政热点一：中国人民银行决定，从2011年6月20日起，上调存款类金融机构人民币存款准备金率0.5个百分点。

时政热点二：2011年6月30日，全国人民代表大会常务委员会关于修改《中华人民共和国个人所得税法》的决定：工资、薪金所得，适用超额累进税率，税率为3%~45%；工资、薪金所得，以每月收入额减除费用3 500元后的余额，为应纳税所得额；本决定自2011年9月1日起施行。

时政热点三：2011年6月7日，《国务院关于开展城镇居民社会养老保险试点的指导意见》（国发〔2011〕18号）：2011年7月1日启动试点工作，实施范围与新型农村社会养老保险试点基本一致，2012年基本实现城镇居民养老保险制度全覆盖。

〖问题引领〗

1. 这三种情境分别体现出宏观调控的哪些目标和手段？
2. 上述宏观调控举措对国家、企业、居民分别会产生哪些影响？
3. 请你为国民经济的平稳、健康、持续、快速发展出一个金点子。

【知识呈现】

三个问题，由易到难，由浅入深。教师在学生充分讨论探究的基础上、在学生渴望释疑的心理状态下，不断地引导学生合理地寻求现实生活与教材知识的结合点，帮助学生由直接经验迁移到对教材知识的理解，以求真正体现出教师的精讲点拨，提升课堂教学效果，实现有效教学。

【教师反思感悟】

第三次试讲终获成功，教师自我感觉不错、学生也饶有兴趣。反思成功的原因在于有针对性地强调了"以学生为中心"，教师课前仔细分析了学生的思想状况和认知水平，预设了不同层级的学生课堂上可能出现的不同反应；课堂上通过梳理知识框架了解了学生的真实起点，基于学生的真实学情选择了适合的教学情景，从而减少了课堂中不必要的节外生枝和措手不及，在预设与生成之间找到了一条融合之路。

通过三次试讲，我亲身感受到了课堂有效"生成"的不易和因"生成"带来的无尽精彩。"生成"的无尽精彩源于教师的智慧，这种智慧，既包括备课时教师尽可能周全预设课堂中可能发生的一切，亦包括课堂上灵活机智地不断调整教学策略。这种智慧的提升依赖于教师坚持不懈地进行教学实践与教学反思，正是不断的教学实践和反思，使我最终走出了教学困境，赢得了豁然开朗，提升了课堂有效教学的价值。

作业的优化设计策略

作业是夯实筑牢课堂教学成果、检测课堂教学效率的重要手段和方式，其重要性不言而喻。从课改精神出发，从作业设计者的初衷出发，在作业内容设计上都谋求覆盖全面、主次分明、学生认可；在作业形式设计上都力求个性鲜明、活泼生动、学生欢迎；在作业效果设计上都渴盼减负提质、高效简洁、学生喜爱——这也是每一位教师都渴望看到的美好作业前景。

那么，当前思想政治课作业的现状是怎样的呢？2015年上半年，对我校高一、高二年级各100名学生就思想政治课作业的认识现状进行了一次抽样调查，结果如下：

态度\内容	对思想政治课作业的态度	
	所占比例	原因
喜欢	38%	感兴趣；内容有意思；形式多样
不喜欢	27%	不感兴趣；是副科作业；没时间做；高考不选政治
一般	35%	只是作业而已；谈不上有没有兴趣

其中，高一年级学生对思想政治课作业的兴趣度明显高于高二年级的学生。在原因一项的调查统计中，高二年级学生因"没时间做副科作业，高考不选政治"而不喜欢思想政治课作业的比例明显高于高一年级的学生。从总体上看，喜欢思想政治课作业的学生比例只有38%。我们认为，造成学生不喜欢思想政治课作业的原因尽管有很多，但作业设计中存在的问题是不可忽视的。

长期以来，受应试教育的影响，政治作业拘泥于课堂知识，拘泥于教材，存在着作业内容脱离学生实际和社会现实，生搬硬套；作业方法无价值无意义重复机械训练过多，单调乏味；作业形式单一，忽视学生的个体差异等问题。通过调查我们发现一些教师在布置作业时，忽略学生的心理需求，练习、作业形式单调，书面作业似乎是唯一途径，毫无新鲜感可言，更谈不上趣味性。

新课程标准明确提出："有效的课程学习活动不能单纯地依赖模仿与记忆，动手实践、自主探索与合作交流是学生学习数学的重要方式。"基于对作业重要性的认识和对作业现状、问题的分析及反思，我们提出了改进政治作业，对政治作业进行优化设计，此举旨在改变传统的作业观，确立效率意识，从现状出发，从"有效"入手，反思当前哪些作业是有效的，哪些作业是低效甚至是无效的，站在"以学生发展为本"的角度切实消灭当今作业设计在内容、形式、方法、效果上的硬伤，实现真正意义上的"减负提质"。为此，我们对作业进行了如下优化设计：

一、设计实践型作业，培养学生做身体力行的实践者

建构主义理论认为：具有鲜明的实践性和强烈的主体性的知识对于个体的价值不仅在于实现从"不知"到"知"的跨越，更在于从"知"到"行"的提升。设计实践型作业的目的就是通过理论与实际的有机结合，努力实现由知向行的转化。教师在设计作业时应当突出实践性，善于从学生的实际出发，以兴趣为先导，以内需为动力，尽量给学生创造一些动脑、动手、动口的机会。

如在教学高一经济常识《维护消费者的合法权益》一框时，正值十一放假期间。在放假之前，我就设计了如下的作业要求学生利用假期开展相关实践活动：假期中走访假日消费市场（大型超市、服饰商店、化妆品市场等），记录该市场中存在的侵犯消费者合法权益的现象。然后回答两个问题：1. 这些现象分别侵犯了消费者的什么权益？ 2. 如果你是前来购买该商品的消费者，你该怎么办？要求学生假期结束返校时提交不少于800字的调查小报告。

在这一调查活动中，学生们抱着强烈的好奇心理，走进市场，认真调查，积极探究，详细了解了市场的运行情况、企业经营中存在的问题以及问题如何解决的积极可行的建议构想；同时加深了对课本知识如宏观调控、企业经营者的素质、企业

的信誉和形象等的理解，并学到了其中包含的许多深奥的经济学道理。

二、设计资源型作业，培养学生做好学乐知的探究者

政治教材中资源丰富，例如经济学中"市场交易的原则""市场经济的特征""消费者权利的保护""诚信纳税"等，政治学中的"建设法治政府、责任政府和服务政府""公民有序的政治参与"等；再比如法制教育：经济学中的《消费者权益保护法》《劳动法》《税法》，政治学中的《宪法》以及各行政法规等都是可以进行作业设计的很好素材。所以，我们要善于利用教材中既有的资源，并与学生的生活实际有机结合。在设计作业的过程中，从学生的生活现实出发，从学生的所见所闻出发，让学生在自己的生活中去感受、去体验、去发现，这容易使学生产生认同感，并内化为自觉的行动。同时，这样设计出来的作业还要注重探究性、启发性、趣味性和创新性，使作业素材多样化，如谚语、漫画以及重大热点时事等；形式要新颖，有趣，丰富多变，如法律研究型作业、市场实践型作业、广告设计作业，等等。这样的作业不仅会使学生"乐做"，从"要我做"真正转变为"我要做"，变得乐学好知，而且能够开发学生的智力潜能，极大地提高作业的质量与成效。

三、设计开放型作业，培养学生做有效学习的创新者

开放型作业要表现为：作业的设计、内容、答案都具有开放性。学生可以选择不同的题材作为自己作业的角度，它的答案不具有唯一性，不拘泥于政治教材中某一知识点，而是要求学生灵活地运用某一类知识，甚至是跨学科的综合知识合理作答，给学生留有多角度思维和回答的可能性，学生可以从多角度、多维度、运用多种能力和方法，分析和解决有关的理论问题和实际问题。对于这一类作业，学生能够"仁者见仁，智者见智"，而不是"千人一面"。

如在教学《公民有序的政治参与》这一个内容时，要求学生以各自小区家门口附近的地摊菜场为话题设计作业如下：小区家门口附近的多家地摊菜场，使过往行人、附近住户脏乱难忍、不堪其扰，能否加大城管力量赶走这些流动的无证菜贩？

若不能，请你为这一问题的解决提几条合理化的建议。这一开放型作业，学生表现出来浓厚的兴趣，纷纷建言献策：有的同学认为城管人员简单、粗暴地赶走菜贩不是根本之策，有的认为在合适的地方为菜贩们提供经营场所，以此消除地摊菜场的方式较好……这一作业，没有标准答案，没有思维束缚，让学生在带着兴趣积极参与思考讨论的同时享受着发散思维的快乐与创新，有助于培养学生的社会责任感，自觉做一个遵纪守法的好公民。

四、设计层次型作业，培养学生做主动学习的成功者

设计层次型作业首先要切实认识到学生是存在个体差异的。作业难度可适度超出每一层次学生的现有发展水平，而达到他们的可能发展水平。如果作业的难度太高，就会使学有困难的学生觉得难以达到，望而却步；如果作业的难度太低，则会使学有余力的学生感到缺乏挑战性、刺激力，从而失去兴趣。所以在设计作业时，教师要充分考虑到学生的层次差异，兼顾到不同的个体。同时，要遵循学生的认知规律，作业设计要由浅入深，逐层推进，由简单到复杂，由单一到综合，梯度提升。

优化作业设计的关键在于教师。只有充满智慧的教师，才能设计出充满睿智与灵气的作业。无论是实践型、趣味型、开放型还是层次型作业的设计，教师在设计作业的内容时，都要注重基础性、探究性、应用性、灵活性的要求，切实培养学生的学习能力、提高学习效率、提升学习水平。同时，每一种作业设计都要有不同的评价。作业的评价，应立足于激励原则，教师采用赞扬、鼓励、期盼、肯定等情感语言来激励学生，能够充分调动起学生的学习积极性，有效提升作业效能。

3 个性化教学的揣摩

【从教心语】

　　个性化教学，越来越成为教师从教的"个性印记"，不仅是体现在教学上的因材施教、方法上的因"案"施教、对象上的因人施教，更反映出教师对个性化教学的深刻含义的本质理解，对学生"人的差异"的生命哲理与生命丰富多样性的根本认识，以及基于学生因个体差异原因的发展不平衡的客观现实而给予相应的满足其个体最佳发展的可能。在教学中，我身体力行，努力践行。

走在个性化教学的路上

美国教育心理学家布鲁纳说过:"追求优异的成绩,不但同我们教什么有关系,而且同我们怎样教和怎样引起学生的兴趣有关系。"历经多年教学实践,我发现个性化教学能够有效地解决好"怎样教"和"怎样引起学生的兴趣"问题。现将我根据自身教学实践经验总结出的有效个性化教学途径不揣浅陋,与大家商榷。

一、基于个性分析的作业评价,提升学生学习效能
(怎样引起学生的兴趣)

理论依据:

加德纳的多元智能理论。该理论认为:人至少同时具有八种智能,每位学生的智能各具特点,并有独特的表现形式。学生的智能发展没有高低之分。因此要"重视每一个学生的智能优势,挖掘每一个学生的智能潜力,满足每一个学生的学习需求,促进每一个学生的发展"。

探索实践:

我每次进行政治常识教学时,都会给初涉政治学的学生布置一道家庭作业:请写出你对"国家"这一关键词的理解。完成后要求学生在课堂上交流评价。交上来的作业五花八门、各具特色,总体呈现出两种类型:一种是纯粹用文字进行表达的,明显展现出语言智能比较发达;一种是用图表、画画进行表达的,明显展现出视觉—空间智能比较发达。

依据多元智能理论,对不同学生的作业评价,我进行了不同的个性分析:对偏重语言智能的学生作业,我的评价对策是启发点拨、鼓励深化、提升成就;对偏重

视觉—空间智能的学生作业，我的评价对策则是表扬为主、具体引导、解惑补缺。经过这样针对性极强的个性分析及评价之后，他们的智能潜力被充分发掘，成功进行了二次作业。

感悟启发：

实际教学中，我们在注重全面发展学生的智能结构基础上，应更加注重不同个性学生的发展，将"全面发展"与"个性发展"有机地统合起来。我们应该充分尊重任意一种智能，尽量按照每个学生所具有的不同智能结构提供发展、成长的条件和机会。尽可能创设适应学生优势智能结构发展的条件，从而有效提升学生的学习效能。

二、基于小组协作的探究学习，造就高效互动课堂
（怎样引起学生的兴趣）

理论依据：

皮亚杰的建构主义理论（constructivism）。建构主义理论的内容很丰富，但其核心只用一句话就可以概括：以学生为中心，强调学生对知识的主动探索、主动发现和对所学知识意义的主动建构（而不是像传统教学那样，只是把知识从教师头脑中传送到学生的笔记本上）。

依据皮亚杰的建构主义理论，高中生的课堂学习不应只是对知识的简单复制，可以选择在自己原有的经验系统之上，以小组或团队协作的方式相互帮助、相互争论、相互提示，对已有的知识进行选择、修正并建构新的知识来共同完成学习任务。小组协作式探究学习模式图如下页上图。

探索实践：

基于小组协作式探究学习模式，我在高三复习经济学《国家的宏观调控》这一内容时，对于繁多知识点的归纳梳理，要求学生以小组协作探究的方式进行知识建构。全班学生分组确定任务、分析问题之后就开始了热烈的交流讨论、解决问题的共同学习之旅，之后学生自主建构了两种知识网络：一种是框架式，一种是图表式。

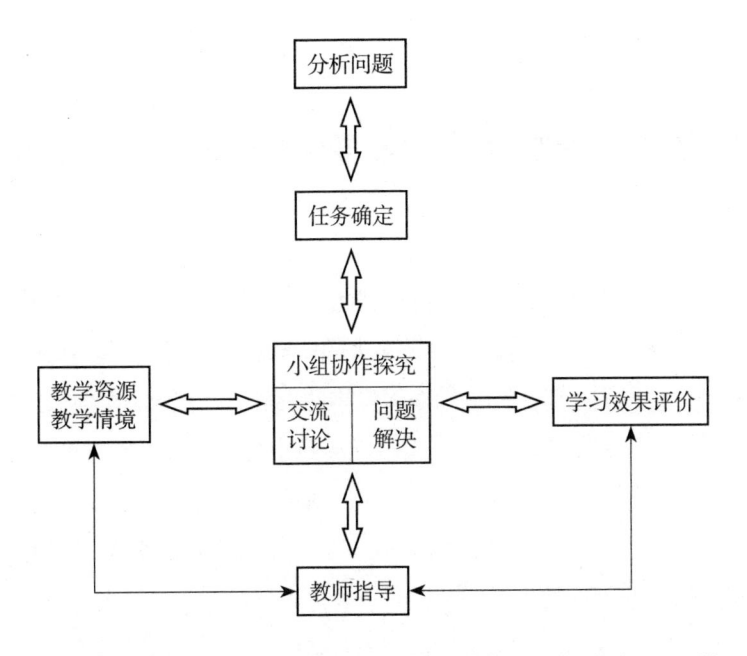

```
                    ┌──────────┐
                    │ 分析问题 │
                    └────┬─────┘
                         ↕
                    ┌──────────┐
                    │ 任务确定 │
                    └────┬─────┘
                         ↕
┌──────────┐     ┌──────────────┐      ┌──────────┐
│ 教学资源 │     │ 小组协作探究 │      │ 学习效果 │
│ 教学情境 │ ↔   │ 交流 │ 问题  │  ↔   │   评价   │
│          │     │ 讨论 │ 解决  │      │          │
└────┬─────┘     └──────┬───────┘      └────┬─────┘
     │                  ↕                    │
     │           ┌──────────────┐            │
     └──────────→│  教师指导   │←───────────┘
                 └──────────────┘
```

框架式和图表式的知识网络，内容完整但不易激发记忆兴趣。于是，在此基础上老师进一步点拨启发他们从"是什么、为什么、怎么办"三个方面归纳知识，之后小组间继续讨论、相互提示，最后共同决定选择一个直观、有趣且好用的思维工具——思维导图对书本知识进行了快速、准确、系统地整合。如下：

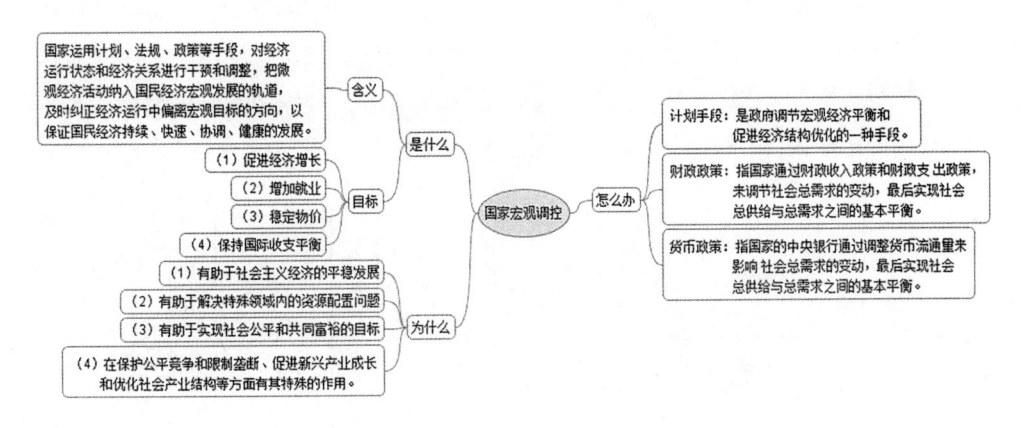

[思维导图：国家宏观调控]

- **是什么**
  - 含义：国家运用计划、法规、政策等手段，对经济运行状态和经济关系进行干预和调整，把微观经济活动纳入国民经济宏观发展的轨道，及时纠正经济运行中偏离宏观目标的方向，以保证国民经济持续、快速、协调、健康的发展。
  - 目标：
    （1）促进经济增长
    （2）增加就业
    （3）稳定物价
    （4）保持国际收支平衡
- **为什么**
  （1）有助于社会主义经济的平稳发展
  （2）有助于解决特殊领域内的资源配置问题
  （3）有助于实现社会公平和共同富裕的目标
  （4）在保护公平竞争和限制垄断、促进新兴产业成长和优化社会产业结构等方面有其特殊的作用。
- **怎么办**
  - 计划手段：是政府调节宏观经济平衡和促进经济结构优化的一种手段。
  - 财政政策：指国家通过财政收入政策和财政支出政策，来调节社会总需求的变动，最后实现社会总供给与总需求之间的基本平衡。
  - 货币政策：指国家的中央银行通过调整货币流通量来影响社会总需求的变动，最后实现社会总供给与总需求之间的基本平衡。

感悟启发：

基于小组协作的探究学习，学生自由组建平等、互助性的学习小组，有利于学生对课本知识的深度理解与掌握，有利于增强学生的团队精神，有利于构建高效互动课堂，是一条帮助学生把课本读懂读薄、把繁难的知识变得简单易解的极好途径。

三、基于认知逻辑的教材重组，引领学生走近课本（怎样教）

理论依据：

在思想政治课教材中，教材结构与教学结构之间往往存在不一致性：教材结构往往注重知识逻辑，教学结构要求遵循学生的认知逻辑。对此，教师在教学中要适当调整教材顺序，以利于学生的认知逻辑思维的发展。《课程标准》中也强调"教师是课堂的实施者、决策者和创造者，在教学实践中必须创造性地理解和使用教材"。这句话启示我们：教材存在的全部意义，首先是服务于师生获取知识的需要；其次是为师生的再创造留够了自由支配的空间。因此，个性化的教学应该对教材进行创造性地重组，做到既尊重教材，又不拘泥于教材。

探索实践：

以高二政治常识《人民代表大会制度》一课为例：教材逻辑是"人民代表大会是国家的权力机关→人民代表是国家权力机关的组成人员→人民代表大会制度是我国的根本政治制度→人民代表大会制度的优越性"，这样的教材顺序让学生难以发现知识间的逻辑关系，无奈地感觉到《人民代表大会制度》只是一堆枯燥乏味的知识点，难以激发学习兴趣。于是我采取了师生合作的方式，共同详细分析教材，寻找到了知识间层层递进、紧密相连的内在逻辑关系如下：

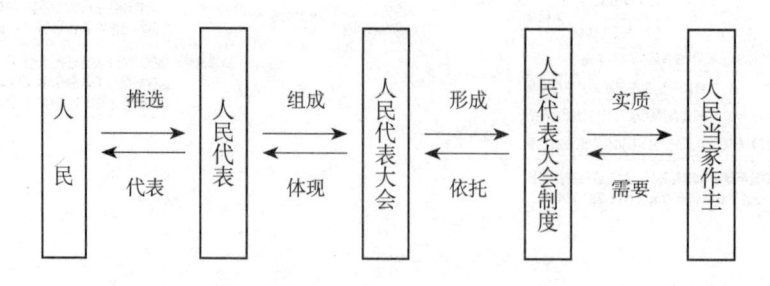

| 人民 | ⇌ 推选／代表 ⇌ | 人民代表 | ⇌ 组成／体现 ⇌ | 人民代表大会 | ⇌ 形成／依托 ⇌ | 人民代表大会制度 | ⇌ 实质／需要 ⇌ | 人民当家作主 |

这样的图示，准确而清晰地厘清了《人民代表大会制度》中的关键词及其相互间的逻辑关系，更符合学生的认知规律，学生更易于理解、乐于接受，学习兴趣也

大大地激发。基于此，师生合作重组了该课的教学逻辑："人民代表是人民代表大会的组成人员→人民代表大会是国家的权力机关→人民代表大会制度的优越性→人民代表大会制度是我国的根本政治制度（总结）。"这种符合学生认知逻辑的教材重组，引领学生一步一步走近课本并逐渐领悟"人民代表大会制度"的精髓内容所在。

感悟启发：

教材是相对固定的，但教学情景是不断变化的。作为教师，我们应遵循学生的认知规律，在具体教学中对教材进行个性化的开发和利用，从而激活教材，激活学生，让课堂成为动态、发展、富有创造性的过程。

四、基于能力梯度的有效设问，升华学生思维品质（怎样教）

理论依据：

布卢姆认知目标分类学。布卢姆立足于教育目标的完整性，对认知教学目标进行了分类，按照由低到高、由简到繁的顺序，把认知目标按层级次序分为六个层级：知道、领会、应用、分析、综合和评价。参照布卢姆认知目标分类学，上海市中学思想政治学科的认知目标（认知过程的维度界定）相应地设定为：

目标层级	行为能力特征					思维水平
A 知识与技能	A1 识别	A2 辨认	A3 回忆	A4 提取		低阶思维
B 过程与方法	B1 描述 B6 预测	B2 释义 B7 对比	B3 举例 B8 因果	B4 归类	B5 概括	中阶思维
C 情感态度价值观	C1 分析 C6 假设	C2 整合 C7 设计	C3 分解 C8 结构	C4 评价	C5 检验	高阶思维

这样的能力梯度分级，从低到高清晰地体现了认知过程的维度界定——即学生的思维认知能力从低阶思维到中阶思维再到高阶思维的完整发展过程，这就要求教师对所有的教学环节能做清晰的能力解释，从低到高地设定教学目标并设计课堂设问。

探索实践：

依据认知过程的维度界定，我曾在实际教学中就一个视频资源（世界范围内一天24小时航班资源的分布流向）设计了能够帮助学生能力梯度发展的课堂设问：

1. 从视频中你**观察**到了哪些信息？（低阶思维）
2. 从每个信息中，你能**推测**出什么？推测的依据是什么？（中阶思维）
3. 请你将推测出的信息**整合**起来，说说看这段视频记录了什么？（高阶思维）
4. 根据视频记录的内容，请你对经济全球化进行简单的**评价**。（高阶思维）

感悟启发：

从低阶思维到中阶思维再到高阶思维的一系列课堂设问，可以清晰地体现出学生思维能力的梯度发展过程，从而有效提升学生的思维品质，促进学生高级认知能力的发展。

个性化教学的实现途径多种多样、不一而足，无论选择何种方式，都能够行之有效地解决好"怎样教"和"怎样引起学生的兴趣"问题，都是旨在帮助学生用更多的研究方法，自己发现问题，并找到解决问题的路径。在此过程中，学生对课程、课堂的兴趣会越来越浓厚，他们会更愿意投入时间和精力去研究、去发现、去收益。由此，他们对社会生活亦会有强烈的参与欲望，会主动自觉地去探究甚至解决一些社会与人生的深层次问题——这就是思想政治课的本质收益，也是个性化教学真正要成就的精彩课堂、真正要实现的课程价值所在。

微课在思政教学的个性化应用

大数据时代，电子产品大量普及，信息传播方便快捷，教学技术日新月异，这使得微课在中学政治课中的运用有了现实的可能，也符合现代信息技术的发展潮流与趋势。

微课，是"微型视频网络课程"的简称，为课程或教学服务而设计开发的一种情景化、支持多种学习方式的在线视频课程资源。微课的诞生，获益于Web2.0多媒体技术的发展，利用课件制作软件和微课合成软件，如PPT、authare和录屏Camtasia Studio V6.0.2汉化版等软件制作而成，可结合教育教学过程中教师的真实需求而灵活运用为一种课堂教学模式或教学辅助手段。

《普通高中思想政治课程标准》（实验）在课程理念中强调："倡导开放互动的教学方式与合作探究的学习方式，使学生在充满教学民主的过程中，提高主动学习和发展的能力"；课程目标也明确提出"发展采用多种方法特别是现代信息技术，收集、筛选社会信息的能力"。教师通过参加微课及翻转课堂的实地观摩，以及观摩学科网、教师资源网上晒课等网络资源，广泛收集微课程设计的优秀案例和课堂实录作为参考，自制成短小精悍、符合课程需要的微课，应用于中学政治课教学，能够满足学生随时随地、灵活方便地进行学习的需要，适应了快节奏、多样化的学习需求，具有如下优点：

一、导向正确，丰富个性化资源

导向性、针对性强的微课资源的应用，提高了思想政治课堂教学的有效性。一般意义上的教学资源主要包括教材、文字案例、影视、图片、课件等，也包括一些必需的教具和基础设施。微课则是基于多媒体技术下发展出来的"生长"型教学资源，它融合了图片、视频、音频等多种先进技术手段，以生动形象的短片形式呈现在学生面前。因此，在思想政治课堂中运用微课资源，不仅丰富了现有教学资源，为现有课堂教学模式提供借鉴、引用之途径，也为课堂的具体实施和操作提供新的思路，带动政治课堂走进新视野。

同时，微课作为新型教育资源、学习方式和教学模式的变革，实现了对教师"教"的资源和学生"学"的资源的有效补充，成为学生自主学习和教师专业发展的重要途径，有利于差异化、个性化教学的实施开展，为思想政治学科课堂教学资源和教学活动所需素材提供了新的来源，为改进课堂教学提供了新思路，为思想政治学科建设提供了新素材。

二、服务课堂，组织个性化教学

微课的开发是为教学服务的，它只有扎根现实课堂，融入日常教学中才会真正焕发出生命力。在课堂上应用微课，教师可以就微课内容设置相关问题，学生以小组为单位进行自主探究，可以将教师从重复劳动中解放出来，教师节省了讲授的时间，便能够将更多的精力放在如何提高学生的能力、如何使课堂教学形式更加多样化等方面上；学生自己解决的问题，会让他们印象更加深刻，也能更好地享受学习的过程，更有利于培养学生的合作能力和自主探究能力，整个课堂的氛围也活跃起来了，学习再也不是枯燥乏味的说教，而是充满着探寻知识的乐趣。

三、课后跟进，实施个性化指导

微课视频的长度基本上都不超过十五分钟，这个时间长度比较符合中学生的学习特点，因为不同的学生理解能力不同，同样上一节课，对知识点的掌握是参差不齐的。这一问题，在课后应用微课及时跟进，可以得到有效改善，可以满足不同学生的学习需求，做到因材施教。所以学生放学后回到家中使用微课，不用家长和老师督促，便可以花最少的时间将所学到的关键内容进行多次的反复学习。对于一些基础薄弱的学生而言，微课能帮助他们查漏补缺；对于那些上课时没有听懂的问题，学生在课后可以通过微课再次学习，减少课堂上的学习遗憾，放松的心态能够帮助学生更快更好地掌握知识。同样，对于一些学习程度比较好的学生，课后观看微课亦有助于所学知识的巩固夯实，同时也能选择一些难度比较大的微课内容学习以提升自己的知识水平。如此通过多次的复习巩固，知识的难点便可以迎刃而解，温故知新也不再是难事。一言以概之，微课能将传统的课堂延伸到课外，为学生提供了生动的课后再复习再巩固途径，是教育教学方式上的一大突破。

思想政治学科教学与微课的结合，将突破现行思政课堂教学模式的某些瓶颈，为新一轮教育教学改革提供创造性思路，有利于促进基础教育数字化的教学改革。未来的时代是科学和信息技术主导的时代，教育也将顺应这一发展趋势，作出合理判断与转型。在未来教育数字化、信息化发展速度难以预判的情况下，微课将会以顺应教育教学改革方向、适应教育信息革新潮流的优势在未来蓬勃发展。

同时我们也应清醒认识到：微课作为一种新兴的教学样式，不仅给中学政治教学带来了新契机，而且也带来了新的挑战。中学政治教师应当与时俱进，充分研究微课的特点与形式，积极优化进行政治微课教学设计，从而更好地提高政治微课教学效率，满足学生的政治微课学习要求，不断创新政治课堂。

借助经济图表，训练逻辑思维

历经多年教学实践，我发现，在《经济生活》教学中，运用经济图表的学习来训练学生的逻辑思维，提升学生的核心素养，是一种极为有益的尝试。

《经济生活》中的经济图表有图形、有表格、有文字，涉及数学和计量的有储蓄、利率、税率、股票、股息、GDP、GDP增长率、基尼系数、恩格尔系数、供需关系等知识。这些知识综合性强、能力要求高，都与理性思维密切相关。本文以经济图表为载体，以学科内容中蕴藏的逻辑思维训练为抓手，探究如何提高学生的逻辑思维能力。

一、预设图表，课前高效准备

首先，教师要认真解读课程标准，明确经济学图表的考核目标与能力要求：获取和解读有效信息的能力；调动和运用知识的能力；描述和阐释事物的能力；论证和探讨问题的能力。教师要对应考核目标与能力要求，准确发挥经济图表在课堂教学中的作用，从而确定逻辑思维能力培养目标。

其次，教师要掌握学生现有的认知起点、知识与技能水平，了解学生的关注点与兴趣点所在，预设针对性强、设问角度灵活多变的图表训练题，为精准有效地培养学生的逻辑思维能力奠基。

再者，教师选用经济图表时，应该以当年国内经济热点和《经济生活》知识重点的有机结合为背景，挑选那些最能突出逻辑思维能力特点的曲线图、折线图、饼状图或柱状图等图表，训练学生解读、归纳图表信息的能力，找出解决问题的方法。

例如，教师在备课时可以选用如下这种饼状经济图用于课堂训练，能够较好地达成培养学生逻辑思维能力的目标：

【例题1】按收入高低把总人口分为高、中、低三组。下图为各组收入占总收入比重的两种不同状态。下列做法有利于由状态a向状态b转变的是（　　）

① 加大扶贫开发与救济力度　　② 个人收入按超额累进税率缴税
③ 发挥市场的自发调节作用　　④ 降低劳动报酬占初次分配的比重

A. ①②　　　　B. ①③　　　　C. ②④　　　　D. ③④

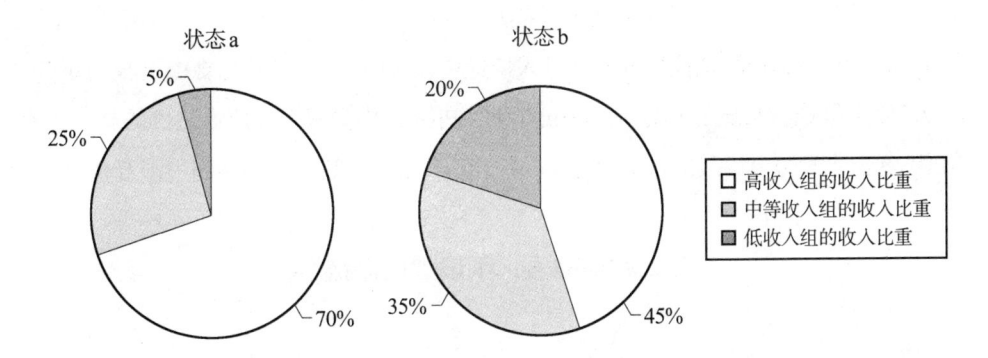

状态a: 5%, 25%, 70%
状态b: 20%, 35%, 45%

图例：□ 高收入组的收入比重　▨ 中等收入组的收入比重　▪ 低收入组的收入比重

二、解读图表，完善读图步骤

经济图表强调严密完整的解读图表步骤。读图时要求根据规定的内容领域，以图文信息转换的方式描述社会现象。逐项读出图表中的标题、内容、注释的相关信息。

【例题2】

解读这幅折线图，第一步是看图表的标题。标题一般告诉我们这个图（表）说

中国企业海外并购情况统计图（单位：亿美元）

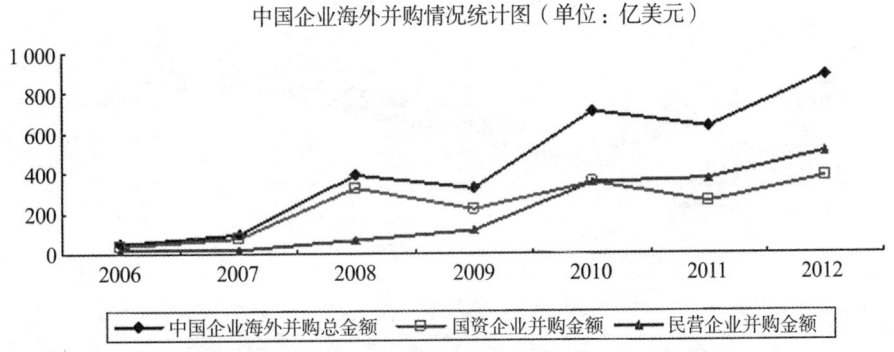

图例：◆ 中国企业海外并购总金额　□ 国资企业并购金额　▲ 民营企业并购金额

注：海外并购是指一国企业对另一国企业的股权或资产进行兼并收购的经济行为。

第二章　站稳：教书循律　085

的主要内容是什么；第二步是看整体，图表标题统领下的各个项目，在什么时间处于何种数据状态；第三步是看比较，分纵比和横比；纵向比较比变化，然后横向比较比联系；第四步是看注解，注一般是对图（表）的进一步解释说明，很多时候是用来做纵向或横向比较的；最后把握其内在联系，归纳出图表的中心观点或结论。

遵循这样的逻辑思维训练步骤，我们可以顺利读出这幅经济学图表的完整信息：该图反映了2006年以来中国企业海外并购总金额及国资、民营企业并购金额总体呈上升趋势；2008年起我国企业海外并购进入快速增长时期，其中2009、2011年略有下降，至2012年又呈现出明显上升势头；2010年前海外并购中国资企业所占比例较高，金额远超民营企业；2010年起民营企业海外并购加速发展，并购金额逐步超过国资企业。

三、利用图表，创设"问题链"

马克思主义哲学告诉我们：人类寻求真知的过程是一个"实践——认识——再实践——再认识"的循环往复、螺旋上升的过程。如果把这一原理运用于经济学图表问题的创设中，应该表现为课堂呈现的问题要有梯度，能够形成"问题链"，先易后难、由浅入深、循环上升，符合学生的认知规律。

例如：

在讲授"国家的宏观调控政策"这一内容时，可以出示一幅如下图所示的"中

国人民银行一年期存贷款基准利率变化"的图表,针对图表教师设置一串"问题链":首先请同学查阅资料回答什么是存贷款基准利率?再结合最近一次的一年期定期存款利率,请同学计算一道题:"小明2008年10月30日存入银行5万元定期,一年后可以获得多少利息?"计算得出结果后让学生以小组为单位畅谈或讨论:存贷款基准利率的变化对居民的日常生活有什么影响?对企业的生产经营有什么影响?对于国家又有怎样的影响?国家不断调整存贷款基准利率的根本缘由何在?这一教学过程,共设置了六个"问题链",这些问题由简单到复杂,从易到难,依照布鲁姆的认知领域教育目标分类学,从知道(知识)、领会(理解)、应用、分析、评价五个层面层层深入递进,激发学生的深度学习,培养学生的高阶思维,启迪学生的智慧,提升学生的思辨能力。久而久之,当学生习惯并开始喜欢用这样的思维方式去解读经济图表和解释相关的经济现象时,我们的学生便具备了一种理性的逻辑思维能力与素养。

"点拨"解开"问题链"的个性化辅导
——辅导案例一则

一、案例背景

点拨,意指当人们陷入思维困境或遇见难题时给予指点、启发,是人们分析问题和解决问题时疏导知识困惑、突破思维困境的一种有效手段。课堂教学中,对于老师或学生即时提出的问题,学生囿于知识、经验所限,答案往往会"顾左右而言他",不得其中要义,这时就需要教师适时地进行点拨。通过教师的"点",变不通为通;通过教师的"拨",使不顺为顺。引导学生在思维上拨云见日,走出知识迷惑困境,迎来豁然贯通。这样的点拨,应该是基于学生认知起点、注重逻辑与实证的高度吻合、能够激发学生思维、有效培养学生思维品质的过程。

二、案例过程

为了提升学生的思维能力,让学生的思维呈现百花齐放的新面貌,课堂中我选择了以"问题"为载体的教学辅导方法,以此来驱动学生的自主学习,合作探究,进而达到提高学生综合素质的目的。

在复习经济常识《国家的宏观调控》这一章节内容时,学生对国家宏观调控的三个手段进行了重点复习。在梳理"财政政策"的知识框架体系时,为了帮助学生切实掌握知识,我借用了一个平时留心收集的教学案例资料:"国家可以运用哪些财政手段来刺激经济发展,扩大内需?"学生立马作出回答:增发国债、增加财政支出、减少税收等。我并未就此罢休,继续追问:"这些措施为什么可以扩大内需?"同学们一时语塞回答不上,于是同桌间开始了讨论交流。

在学生讨论的基础上，我进一步提出了两个引导性的问题开启点拨："请同学们想一想，居民用来购买国债的都是怎样的钱？国家又是拿这些钱（国债）干什么去了？"这两个适时提出的问题，犹如一把火把，瞬间点燃了学生的头脑，同学们立时豁然开朗、思维变得活跃了起来，经过讨论，同学们达成了统一认识：居民用日常生活中结余下来的闲钱购买国债不会影响平时的消费；而国家将居民购买国债的"闲钱"汇聚成"大钱"，可以增加投资需求、扩大基础设施建设，从而刺激经济发展，扩大内需。

设置适当的问题、巧借精妙的点拨、经过"头脑风暴"式的洗礼、得出正确的结论，这节课我借助"问题链"的点拨，拨开了学生思想上的迷雾，激活了学生的思维，顺利完成辅导任务，达到了预期的辅导目标。

三、案例效果

这节课最大的收效在于借助一系列的"问题链"，通过教师适时的点拨辅导，拨开了学生思想上的迷雾，点燃了学生智慧的火花，激发了学生的主动探究热情，进而顺理成章、水到渠成地解决了问题，达成了预期学习目标，顺利完成了个性化的辅导。历经这一过程，学生的思维水平得到提高，思维能力得到发展。

四、案例启示

学习是一个不断产生问题、不断解决问题的过程，需要学习主体主动参与融入、想方设法自主完成：或在认真辨识分析探究的基础上充分发挥主观能动性获得知识与方法，或主动参与小组合作交流讨论，集体解决困惑与问题，让自己与同伴的个性和特长都得到最好的发展。完成这一解决问题的过程，学生会收获学习的快乐感、成就感乃至幸福感；这一过程，于学生而言，也是培养主体意识，落实主体地位，真正成为学习的主人的进程。

同时我们也要清醒地看到，学生囿于年龄、阅历、知识、经验、视野等因素的制约，单凭一己之力，不可能轻松应对学习路途中的各种问题"拦路虎"，这时，教师的辅导作用就显得尤为重要，在关键问题上教师适时地加以点拨启发，引导学生朝着正确的方向开展自主探究或合作学习，往往会取得事半功倍之效。

教育家蔡澄清先生说过："一个高明的教师，只要三言两语就能激起学生强烈的求知欲望；只要做一个巧妙的暗示，就能使学生在一片黑暗中悟出光明，豁然开朗；只要在方法上略加指点，学生就会心领神会而自动腾飞。"这一段话启示我们：辅导学生的过程中，围绕教师的"问"，学生积极地"答"，教师不断地适时点拨，点出问题解决的关键点，拨开学生思维的迷惑处，培养学生良好的思维习惯，才能有效帮助学生走出问题困境，帮助学生感受学习的快乐，进而提升学习品质，实现寓教于乐。

另一方面，课堂中教师的适时点拨辅导能力，是一种智慧长期积累的瞬间爆发，具备这种功力的教师，既要有扎实牢固的知识功底与娴熟驾驭课堂教学的水平，又要有对课堂生成见微知著的敏锐知悉以及进行综合分析的洞察能力，更要有因材施教、因地制宜的灵活方法，才能胜任如此"点拨"重任，恰到好处地组织课堂教学。如此的功力，非一朝一夕能够练就，需要我们静下心来苦练内功、久久为功，需要一种坐得住冷板凳、耐得住寂寞的钻研精神，这正是应了屈原所言："路漫漫其修远兮，吾将上下而求索。"

参考文献：
［1］王勇军.让高中政治课在妙问中生花［J］.师道·教研，2010（02）：33.
［2］冯文兵.高中物理"问题驱动教学法"的应用策略初探［J］.课程教育研究，2014（28）：307.

第三章 站好：科研攻关

【章前絮语】

科研，是教育的助推器，也是教学的向导。教育科研，是完成育人为本的根本任务、实现教书循律的理想的保障。教育的水平、教学的效度，取决于执教者对教育规律的熟知程度、对教学规律的认知程度，教育科研是破解重大课题的利剑，是攻克重要命题的尖兵。

对执教者而言，科研是实现优教的左右手，也是专业发展的阶梯。哪怕是一个微小课题的探究、一项现实拷问的答案，足以让执教者为之兴奋与庆贺。

作为人民教师，要有站好科研攻关的毅力。

1 攻关课题的破解之果

【从教心语】

教科研，当下已然成为合格教师的"标配"。我始终认为，作为一名教师，仅有上好课的愿望与要求是远远不够的，没有科研意识的觉醒，教师的讲坛生涯是走不远的；没有科研精力的投入，教师的专业发展将成为"独木难支"；没有科研成果的取得，教师至多是个"教书匠"。我"热衷"教育教学科研，耕耘不辍，收获的成果反哺教学，两者相得益彰，从中受益匪浅。

"阶梯式磨课反思共同体"
在教研组研修中的构建与实践（节选）

当前的中学校本研修，内容与形式总体上存在缺乏对自我经验的省察，缺乏教师的合作反思过程，缺乏系统性反思、阶梯性递进、成果的积累分享等问题。本课题试图以此为突破点，通过分析相关理论与背景论证"阶梯式磨课反思共同体"构建的必要性并聚焦"自我反思、同伴互助和专业引领"三大校本研修要素，探究"阶梯式磨课反思共同体"的实践路径，努力提升教研组的个性化研修实效。

"阶梯式磨课反思共同体"是借鉴相关的教育教学发展理论，在教学过程的课前、课后通过对课例基于证据进行批判性反思研修开展多次磨课反思，从而促进教师与教研组有效发展的一种个性化研修方式。要求上课教师结合课前磨教案、课堂实录、课后听课人员共同研讨的相关资料，在批判性反思的基础上对课例进行再加工并反馈回教研组或备课组，全体组员基于证据再共同研修磨课反思，这是一个阶梯式上升的过程，是组内全体教师"自我反思、同伴互助和专业引领"的过程，是以边实践边反思边改进的方式研究课堂实践，旨在不断解决教学情境中的多种实践问题，从而有效提升教研组或备课组的研修水平。"阶梯式磨课反思共同体"的关键程序是：强调教学过程中问题的形成、基于证据的研讨反思、成果的积累分享。

一、"阶梯式磨课反思共同体"的构建缘由

通常把平时积累的教学经验并集中组员智慧的课以及上公开课前的反复推敲试讲过程叫"磨课"。"磨课"可以说是我国教师先行先试特有的研修方式，但是，针对"磨课"的教研组研修实践，缺乏系统性反思、阶梯性递进、成果积累分享是当前的突出问题，研修形式总体上还存在着模式比较单一、内需不强、实效不高、缺

乏系统理论体系等问题。本文试图以此为突破点，开展"阶梯式磨课反思共同体"的构建与实践，促进教学反思更加系统化，更加有效地积累和分享经验，努力提升教研组的个性化研修实效。

二、"阶梯式磨课反思共同体"的实践意义与价值

"阶梯式磨课"与"传统磨课"的不同之处还在于：课后研讨环节是提出基于证据的反思研讨，基于证据会给教师之间的对话提供丰富的材料与空间，能更好地激发教研组内教师的智慧火花与思维碰撞。每一次磨课后，都要求上课的教师结合课前磨教案、课堂实录、课后听课人员共同研讨的相关资料，对课例进行再加工并反馈回教研组再研修磨课反思以形成"精品课例"，其要素至少包括问题分析、反思结果和改进方案等等。"阶梯式磨课反思"，使得教师对教学的批判性反思更加系统化，并在教研组内进行有效的经验积累和分享，这是区别于"传统磨课"最关键的改进地方。

"阶梯式磨课反思"是教研组集体反思研修的有效方式。通过构建"磨课共同体"，一步一步开展教研组"自我反思、同伴互助和专业引领"的个性化研修，教师既有分工与合作，又有问题与对话；既有行动与体验，又有实践反思与总结提高。目前我校政治组教师关注问题、开放课堂、相互学习，不仅较好地促进教师专业发展，而且丰富了校本研修方式，有利于教师与教研组的发展，是对个性化校本研修方式的有益探索。

三、"阶梯式磨课反思共同体"的主题研修与实施策略

通过开展基于证据边实践边反思边改进的多次磨课的主题研修，逐步构建教研组的"阶梯式磨课反思共同体"研修模式；通过探索"自我反思、同伴互助和专业引领"的研修递进过程，形成"阶梯式磨课反思"的实施路径。

1. "阶梯式磨课反思共同体"的主题研修

"阶梯式磨课"活动中，教研组的其他教师全程参与"备课、听课、评课、反

思"，教师们共同研读课程标准、教材、教参。特别关注授课教师的课堂设计、内容结构，教材处理方法、教法和学法，从理念、学法、学情、细节等几个方面来对课堂把脉、诊断。为此，我们设计了三大主题并将此与教学活动中的环节进行对比和研讨。

（1）基于学生知识、智力、情感、人格意义的备课过程的研究（磨对象）

按照以学生为主体、促进学生发展的教学理念来转变教学方式和学习方式，通过几次"阶梯式磨课"后课堂面貌得到了很大的改观。但最后的"磨对象"环节中，还要善于观察解读学生的眼神、表情的变化，以及教师在上课时的语言和学生的交流，提问的次数和有效性，教师的个性是否和课堂的设计、情景相融合，教师的板书和学生的板演是否相匹配；教师是否关注学生表现的细节，并采取应对措施，改变课堂气氛；关注各个教学环节之间衔接是否自然、过渡是否流畅，等等。

（2）"自主、开放、交互、创新"的课堂教学新形态的研究（磨课堂）

课堂教学要精心创设学生自主活动和积极探究的情景，引导学生积极参与探究过程，通过亲身体验，获取知识，学会合作和分享。因此，在"阶梯式磨课"中要特别重视利用课堂上的探究活动、小组讨论、评价等组织学生进行有效的学习活动。

（3）课例实践与教学行为改进相结合的研究（磨问题）

在教学中，要了解学生的认知结构，了解学生的薄弱点，了解学生的个性特点和兴趣爱好等，这样才能进行有针对性的、有的放矢的教学。在"磨问题"中，要特别关注结合教学内容特点和学生认知结构，设计一些有梯度、有层次，能引起学生共鸣深思的问题，调动学生积极参与课堂。并通过听课后学生回答问题情况，及时调整教学设计，调整问题的解决，提高课堂效率。

例如：吴老师执教的初中《道德与法治》六年级《走近老师》一课，结合学生的学情和认知能力，通过学生感兴趣的老师日常教育教学调查情况引课，激发学生的学习热情；通过一系列有梯度，有层次，能引起学生共鸣深思的问题的设计，让学生能够学以致用，让学生的情感得以升华。

2."阶梯式磨课反思共同体"的实施策略

"阶梯式磨课反思"，强调集体备课，汇集众家智慧，优化课堂教学设计，并分阶段提炼、打磨优质课，提高教师的教学水平和课堂教学效益。实践中我们主攻了以下三大实施策略：

（1）指向"自我反思"的磨课研讨反思流程

"阶梯式磨课反思"分三个阶段。第一阶段：磨教案。执教教师先确定研讨课内容，接着集个人和集体智慧确定导学案、活动单，初步做好课件。第二阶段：磨课题。执教教师依同样的课题，在不同班级上3~4节同课异构课，每节课后全体教研组老师及时进行集体评课、议课，总结反思，不断改进。第三阶段：磨反思。开展集体研讨、个人自修和反思，在几次听课的基础上，全体教研组老师充分发表意见，积极提出整改思路，执教老师虚心听取意见进行整合，再由集体最终确定最佳方案。

通过课堂教学、课后信息反馈、集体讨论、自我反思，再修改整合教案与课件、再完善整合教学方案，形成了比较完整的"阶梯式磨课反思共同体"的研修实践流程模式。

（2）指向"同伴互助"的基于课堂证据的再磨课研讨反思，以激发教研组或备课组教师思维与智慧碰撞，有效提升研修效能的路径

再磨课的研修是交流和汇聚教师思考成果的平台，怎样的对话交流才能产生思想碰撞是研讨的关键，也是我们"阶梯式磨课反思"要解决问题的着力点。

通过"同伴互助"的再磨课研讨群策群力，我们提炼出了日常课堂教学及教研活动磨课时老师们常用的四种典型对话方式：第一种是只有观点，没有证据。典型的表述是"我觉得应该怎么样"。例如，张老师喜欢这样进行点评："我觉得政治的教学要体现学科味道，同时教学的内容要问题化……"；第二种是先摆观点，但是观点抽象，也举证据，但表述上没有对话的余地。例如，"我觉得王老师的课立意高远，体现了核心素养，并打破教材而进行整合……"；第三种也是先摆观点，再用证据论证，并且在说话的表述上用商量的语气。例如，"我觉得要精准定位，考试考什么就讲什么"；第四种是先给出证据，再给出观点，并且在表达上用商量的语气，给他人对话的余地。例如，"我是来学习的，请问怎样在规定时间内将书本内容进行整合？我们总是面面俱到，如何能够精准抓住重点"？

这四种磨课研讨方式，其中前两种没有证据的支持，观点之间很难形成有意义的交流，并且在表达上都是一些断语，没有给其他人的对话留有余地。第三种和第

四种方式，给出的证据都非常具体，他们表述的观点有坚实的证据基础。此外，他们在语言的表达上多用商量的语气，给别人的对话留出余地。因此相互间的思想碰撞就出现了。我们把后两种对话方式的核心特征归纳为"基于证据的研讨"，这正是"阶梯式磨课反思共同体"构建中所积极提倡的。

（3）指向"专业引领"的反思提炼路径

"专业引领"，是一个从"研究问题形成"到"资料系统收集"再到"经验成果分享"的完整反思提炼研修过程，其具体内容如下：

①基于"研究问题形成"的反思提炼

从我们的研究来看，以学习先进理念作为研究问题的来源，是很多大学研究者所推崇的。从实践者的角度来看，一定的理论阅读可以提高思考的参照点，这是形成研究问题的非常重要的途径。除了先进理念和现实的差距会产生研究问题，预设的教学设计和课堂实践落实之间的差距，以及不同教师不同视角的对话，也会产生研究问题。这一类问题常常是在"阶梯式磨课"的过程中产生的，实战经验丰富的教师在实际教学中常常会有如此的体会，这就需要我们不断调整自己的教学，不断解决一个又一个的新问题。

除了理念引领和"阶梯式磨课"的过程中可以形成研究问题，在整个磨课过程结束后，也可以形成研究问题。

②基于"资料系统收集"的反思提炼

越是科学规范的方法，越是挑战我们的习惯做法，其中典型的是"课堂观察"。小组成员事先参与教学设计的研讨，清楚教学目标和教学设计的各个环节的意图，是进入课堂收集资料的基础，也是与原有的听评课习惯比较相容的做法。在这个过程中，从资料收集的角度看，这里的研究问题不是抽离于具体教学内容的，而是和具体的教学内容融合在一起的。

③基于"经验成果分享"的反思提炼

从"阶梯式磨课反思共同体"的实践来看，"经验成果分享"至少有两个提升层次。第一层次是针对具体教学中的问题进行的分析改进与经验积累，第二层次是基于第一层次问题分析基础上的提炼解决与成果分享。这两个层次的共同要素是问题分析和改进方案，只是反思提炼程度不一样。

"经验成果分享"没有统一的格式。通过实践我们发现：分析实践中的问题并改进，是提炼解决与成果分享的应有指向。而要进行问题分析，需要坚实的证据支持、需要系统地收集资料、需要基于证据的研讨，并接受实践的进一步检验。

四、"阶梯式磨课反思共同体"的实践成效

1. 教师层面

（1）营造了浓郁的教研组校本教研氛围

"阶梯式磨课反思"活动的开展，给教师提供了一个互动交流最直接的借鉴学习平台，也给予教师一个充分展示自我和锻炼成长的机会。教研组的老师们在一起"反复磨课"，让"共备、互听、互评、共同反思"形成了一种浓郁的校本教研常规，促进教研组内实现深度教研，提升教研组研修效能。

（2）促进了教师的成长

在"阶梯式磨课反思共同体"的构建中，我们首先请执教教师陈述教学构想并作反思，之后教研组全体听课教师"品头论足"，或褒扬亮点，取长补短；或找出问题，讨论改进意见。每位教师都得以充分发表自己的见解、观点，在一起讨论或交流，气氛都尤为热烈。这就使教研组内的每位教师在潜移默化中不断主动审视自己与组员的差距，互相取长补短、共同提高，真正实现高效课堂的目的，促进了教师的成长。

（3）磨出了教师的创新精神

教师们在"阶梯式磨课"时通过查找各种资料，对课堂教学过程重新整理并渗入自己的创新因素，每堂课总能让人眼前一亮。议课时，教师的点评，是从自己的角度提出，更是自己的、新颖的、独特的见解，是自己的真知灼见。思想的碰撞闪耀着创新的火花，合理的借鉴又是创新的开始。在教师的课堂展示和磨课活动当中处处彰显教师的创新元素，在"阶梯式磨课"中磨出了教师的创新精神。

（4）在团队中提升了"自我"

在校本"阶梯式磨课"活动中，利用团队的力量、群体的智慧，教研组的老师自身的能力、素质都得到了历练和提升，实现了自我价值。

2.学生层面

通过研究实践，如今我校学生对思政课的学习有了很高的探究兴趣，在我们的研究过程中，学生也获得了很多的体验和感悟：

（1）提高了学习思政的兴趣

阶梯式磨课过程中尤其强调"以学生为中心"，教师课前仔细分析了学生的思想状况和认知水平，预设不同层级的学生课堂上可能出现的不同反应，以了解学生的真实起点。通过阶梯式磨课之后的课堂教学，学生明显提高了学习兴趣，在课外，也有很多学生会进行进一步的研究，帮助学生在心中埋下更多探索发现的种子。

（2）提升了探究合作的能力

阶梯式磨课过程关注学生已有的经验，引导学生积极参与各种探究活动，从而使得学生在学习的时候，也有了将内容串联起来整体思考的意识。在学生充分探究合作的基础上、在学生渴望释疑的心理状态下，教师不断地引导学生合理地寻求现实生活与教材知识的结合点，帮助学生由直接经验迁移到对教材知识的理解，提升了课堂教学效果，实现了有效教学。

3.学科建设层面

（1）汇总了通过"阶梯式磨课反思"研修而得的教材知识思维导图

通过一次又一次的校本"阶梯式磨课反思"研修活动与实践，老师们将高二年级教材中的哲学知识进行梳理、归类、细化、整合，以思维导图的形式构建了知识体系，为我校政治教师的哲学教学活动提供了启发与借鉴。

（2）开发了基于教研组研修效能提升的"阶梯式磨课反思共同体"实践研究的校本课程

数年的研究实践中，教研组老师们通力合作，经过反复磨课、反复修改、再磨课再修改再提升，将可引入课堂教学的内容进行了拓展、提升，开发了教研组自己的校本课程《上海市华东模范中学高中导师制财经核心素养课程》并作为拓展型课程在学校层面开设与实施，广受学生欢迎，申报者众多。

（3）形成了基于教研组研修效能提升的"阶梯式磨课反思共同体"实践研究的教案与案例论文

研究中，我们注重行动研究，注重课堂实践，注重资料积累，在教研组同仁自我反思、专业引领、同伴互助、集思广益、互相促进、不断提升的"阶梯式磨课"努力之下，形成了一批优秀的基于课程标准教学的教案、教学案例集与专题论文，供同行业的其他老师作参考。

五、反思与展望

本文以"阶梯式磨课反思共同体"的构建为依据，努力提升教研组的个性化研修效能：第一，"阶梯式磨课反思共同体"的课后研讨环节，是提出基于证据的研讨，基于证据会给教师之间的对话提供丰富的材料与空间，能更好地激发教研组内教师的智慧火花与思维碰撞。第二，每一轮磨课后，要求上课的教师结合教案、课堂实录、课后研讨的信息，对课例进行再加工并反馈回教研组再研修反思，其要素至少包括问题分析、反思结果和改进方案，等等。第三，"阶梯式磨课反思共同体"的关键程序在于：强调教学过程中问题的形成、基于证据的研讨反思、成果的积累分享。

"阶梯式磨课共同体"的构建绝非一劳永逸，需要与时俱进地不断进行补充、更新、再发现、再提升。我们总结并提出的基于教研组研修效能提升的"阶梯式磨课反思共同体"实践经验与成果不能一蹴而就，需要我们立足更高起点，进一步夯实现有成果，在未来长期的课堂教学实践与教研组研修中加以运用、检验，反馈并不断修正完善。

参考文献：
[1] 邓伟，熊久明.教师工作坊中促进知识建构的磨课活动研究[J].中国教育信息化，2016（9）.
[2] 郎文静.论磨课"三境界"[J].教育与教学研究，2012（10）.
[3] 侯春阳.供给侧教学磨课：推动教师教学实践专业化成长[J].教育探索，2016（9）.
[4] 林青益，张茂平.磨课：化茧成蝶的过程[J].名师在线，2016（3）.
[5] 钦国强，豆雨松.以"循环磨课"促进教师专业发展的实践研究[J].教育参考，2017（2）.
[6] 杨瑶."集体磨课"，一种新型校本教研模式[J].课程教材教学研究（中教研究），2012（9）.

指向学生核心素养的教师发展研究（节选）

一、研究背景

国内目前关于针对推进教师发展的相关实践研究，缺乏系统性反思、成果积累分享是一个突出的问题，研究形式总体上还存在着模式比较单一、内需不强、实效不高、缺乏系统理论体系等问题。教师作为社会人的发展，一般包括个性、情感、世界观、人生观、身体等，也包括教师专业成长。为培养学生的核心素养，教师应具备思想、知识、情感、能力方面的核心素养，在师德、师智和师魂方面修炼全身。

对此，本课题试图以这些问题为突破点，运用导师制经验和成果促进学生核心素养的教师发展为依据，努力寻求对教师整体发展具有可操作性的突破点与生长点，提升教师发展的重要性和实效性，切实增强工作的责任感和使命感，为教育事业科学发展提供坚实动力。

二、研究意义

1.探寻教育本源问题的新行动

高中生核心素养应该是高中阶段最核心的知识、能力与情感态度价值观的集合体，是学生适应社会生活与未来发展的最基本素质，其本质是学生可持续发展的一种生长力。所以本课题研究指向的高中生核心素养内涵的确定，就是要回答"高中到底要培养什么样的人和怎样培养人"这一教育本源问题。

2.提升教师全面发展的新策略

本课题的研究，是实现学生核心素养与教师发展良性互动、相互促进、共同提升的一次有益探索，有利于提升教师的思想境界、专业技能、素养结构，有利于激发教师的内在动力，有利于促进教师的全面发展。

3. 拓展教师专业发展的新路径

我们确立"指向学生核心素养的教师发展研究"这一尚待纵深拓展、实践研究创新的课题，这一涌动于专业发展强烈内需的新路径对促进教师的专业发展既有很强的现实针对性，又有丰富的实践研究价值：不仅可以帮助教师个体不断完善和发展自己专业能力，还能获得专业素养、专业自信和专业前景；而且能够增强我校在"通识、通能"教育方面的补偿性，使具有双重身份定位的教师在整体专业发展、素养内涵、创新智慧方面得到更高水平、更大潜能、更深层次、更广范围的释放，立体拉伸教师专业发展的长、宽、高，从而创造出一种带有校本特色、互动生成的教师个性化专业发展的"自育"机制。

4. 完善特色学校建设的新实践

"通识、通能"（简称"双通"）教育和基于"双通"教育的"导师制""导师合作制"在本校已经走过了十几个春秋，已经并且还将继续为本校的特色办学彰显独特魅力。实践证明这种教育形态为发展学生的基本素质、多种能力起到了很大的推动和支持作用。在实践中深化研究推进"指向学生核心素养的教师发展研究"这一课题，将为传承并发展"通识、通能"的办学内涵带来更广阔的空间，为学校的特色发展带来更美好的前景。

三、研究的目标

1. 辨析"普通学校"高中生的核心素养和培养途径方法，形成指向华模学生核心素养的教师发展的领域；

2. 探索并形成我校学生核心素养培养的教师发展的方式、途径与机制；

3. 论证学校在培养学生核心素养促进教师自觉发展方面的独特优势和适用条件，为普通高中学校的改革提供这方面的系统认识。

四、研究的内容

1. 从教师发展的角度，研究学校教师对学生核心素养的认识、理解、培养方式和差异等现状，指向华模学生核心素养的教师发展的领域与指标（即四个领域：价值观、知识观、能力观和评价观）。

①辨析"普通学校"高中生的核心素养和培养途径方法，学校"双通教育"对学生核心素养的作用和意义；

②指向学生核心素养的教师发展的领域；

2. 研究教师发展与学生核心素养的关系、影响和作用；研究教师发展需要具备的跨学科知识、学科外通用能力和导学能力要素和路径。

论证学校"双通教育"和"导师制""导师合作制"在培养学生核心素养促进教师发展方面的独特优势和适用条件，为普通高中学校的改革提供这方面的系统认识。

①具有双重身份教师（学科教师和学生导师）个体发展与学生核心素养培养的关系、影响和作用；

②研究教师群体发展与学生核心素养培养的关系、影响和作用；

③研究教师发展需要具备的跨学科知识、综合及运用能力和导学能力的基本要素和发展路径，即探索并提出基于我校学生核心素养培养的教师发展的方式、途径与机制。

五、研究的创新之处

本课题试图以学生核心素养为依据，努力促进教师的发展，这是研究视角和目标、内容上的一种创新，是理论上的原创。

在研究过程中，提出并实践可操作的基于学生核心素养培养的学校教师发展的路径与策略，是本研究的关键问题特点。

六、研究成果

1. 通过项目推进，寻找教师发展的路径

①探索区域实践类创新项目

开展了"改善学生学习行为的'四环节十六字'的实践研究"课题研究，我们通过"四环节十六字"的学习方法的研究和实施研究学生学习的心理规律和认知发展规律，发现学生的思维过程，改善学生学习行为。该项目从实验项目已经到了常规项目；

开展了"理念创新　行为改善　个性发展——华东模范中学数字课堂建设与实践探索创新项目"研究，我们组织三校研修，汇集不同学校教师教育智慧，尽快应用于课堂教学；运用"数字化课堂"开发学校"通用能力"课程。开发学生应用"数字化课堂"的作品。

②探索教师发展子项目

课题研究过程中，我们相继申报并立项了多个区和学校课题或项目，共同研究和推进学校导师制及合作制实践。在这个学校课题下面，在2017—2019年期间我们建立了多个核心子课题，有"高中学生导师制促进学生自主发展的研究""高中学生导师制促进教师专业发展的研究"和"实施高中学生导师制的学校管理改革研究"等。这些研究，都是导师广泛参与下建立的。

③探索核心素养项目

学生核心素养培育与"导师合作制"总课题研究相结合，运用导师这一平台来开展实施，目标是立足静安精品教育的现状，从学生成长发展的一般规律出发，从终身发展的视角，让相关的人文课程先行。

我们在2017年立项了"培育核心素养　人文课程先行——华东模范中学人文课程建设与实践探索"区级创新项目。通过相关的篆刻、茶道、国学和书法艺术等人文课程的学习，积极主动并且具备一定的方法获得知识和技能，它的目的不仅限于满足基本生活需要，更有助于个人追求生活目标、促进个人发展和有效参与社会活动。

④探索通信创新实验室项目

我校在区教育局的支持下开办了沪上第一家以现代通信为背景的通信实验室，这是一个通过"做中学，学中做"，开展自主学习与实践、自主探究与创新活动的实验基地。它以最富吸引力的课题，还原日常应用技术场景，吸引学生的兴趣爱好，启发学生的思考方向，培养学生的自主开发能力。

由学校创新技术辅导员领衔的"指导学生利用'通信创新实验室'做微课题的

行动研究"立项为2017年区级课题。

2. 通过各类研修和培训，提升双重素养

① 提升双重素养

即提升政治素养和业务素养。

② 开展分层培训

制订五年、十年、二十年三类不同工作年限的教师发展规划，分别提出培训研修标准。

教师入职培训：

规范新入职教师顺利履行岗位职责，在开学前针对性地制定了新教师的培训计划与方案，帮助和鼓励新教师尽快适应新的工作环境、理性认识自己的角色定位、做一名终身学习型的老师。

青年教师培训：

依托上海市、静安区见习期教师规范化培训基地对见习期教师加强培训；同时着力依靠我校的"相约星期二"校本培训项目，通过综合师徒带教、岗位实践、自我感悟等方式，加强青年教师的基本规范、基本素养、教学基本功培训，帮助青年教师尽快适应并胜任教育教学工作。

3. 通过变革发展，提高教师自觉反思

① 变革教与学行为

根据学校统一的要求及学生的实际情况落实"4·16"学习习惯与学习方法的指导，持续开展教师教学行为"4·16"的研究与实践，每个教研组或备课组都有突破的"关键字"，从学校、教研组和备课组三个层面落实推进。

② 变革研与学方式

利用学科特点和教师特长的研与学。选择重点突破项目，充实教学研究的内容和形式。

提升教师"学术"内涵的研与学。以各学科开展"学科节"的形式呈现内容和效果，鼓励教研组形成适合本学科特点的教学研讨系列活动。

③ 变革跨区域的教学合作

开展和其他兄弟学校的校际研修活动、区内外的八校研修；开展和兄弟学校的未来智慧教室应用的研修；开展和松江华实、华高等研修活动。通过丰富、多样和多层次的教与研活动形式，提高教师专业和研究水准，促进课堂教学有效性，并形成了大量的教学教育实践经验和案例，同时也在一定范围内起到了辐射作用。

我们组织教师参与学校间的教学研究活动交流，进行"同课异构""一课三教""一课多教"和"论文宣讲""主题研讨"等活动，开阔了我校青年教师眼界。

4.通过导师平台，提高自我认识和发展

①认识自我，重新定位

华模实行的是全员导师制。教师的双重身份给教师们带来的挑战是巨大的，需要教师根据自身的特点和所导学生的特点进行探索和思考。导学不同于学科教学，导学是在活动与对话中进行，是以学生的需要为出发点的，需要教师有足够的学科功底、足够的个人魅力和足够的教育智慧。在三年的探索和思考中，教师积极应对导师班所带来的新问题，从观念到行为作出调整，以适应新的要求；学校也为教师的成长创造了新的环境，促进了教师教育行为的优化。

②源于导学，促进教研

学校利用导师平台开展各种活动的契机，引导教师对自己组织的导学等活动进行不断地反思和总结，以此促进教师个人层面的教学研究。促进教师由实践者转变为研究型，这就需要引导教师在教学实践中逐步形成自己的教学风格，拥有自己的教育想法和观点，并且能够自己发现问题并适当地解决问题，促进教师的专业发展。

③教师合作，构建文化

为了使导师制平稳良好地运行，我们需要重新定位我们的教育理念，发展教师的专业能力，形成积极合作的教师文化，从而更好地指导学生，促进导师制的全面发展。

全面推进素质教育，培养具有创新精神和实践能力的学生，必须要有高素质的师资队伍，而培训研修是全面提高教师素质的重要途径，是教师成长的一个阶梯。

5.激发教师愿景力，推进教师整体发展

激发教师的愿景力，增强教师的职业认同感，是年级组推进教师整体发展的重要工作。在年级组组建初期，年级组长就能激励年级内教师建构愿景，同时可以详细、具体地列出一些小愿景，这些小愿景能化难为易，更好更快地被落实，从而促进教师的成长。以下是初三年级组长对于激发教师愿景力的一些尝试与探索：

完成一次主题导学班会的愿景；进行一次高质量家访的愿景；帮助一位问题学生的愿景；成功上一堂优质公开课的愿景；完成一件精美教学作品的愿景；在教研活动上进行一次主题发言的愿景；编制一份高质量试卷的愿景；主持或参与一项课题的愿景。

其实每个教师都有自己的愿景，尤其是刚开始从事教学工作时的年轻教师，都满怀豪情，心怀愿景。但由于体制、环境、生活、健康等因素影响，和随着年龄的增长而增加了更多的家庭、社会角色，愿景就渐渐地淡化了。一旦教师的愿景被激发或重新激发，有了目标，有了规划，主体作用就会发挥出来。激发教师的愿景力是学校探索后导师制的一种促进学校文化的创建和丰富的举措。这样的愿景构建推进了教师整体发展。

6. 通过菁英教师计划寻求自我创新与突破

依托上海市名师后备基地、上海市中小学骨干教师德育实训基地、上海市班主任带头人工作室、静安区"青年菁英计划"、校"青年菁英计划"等基地，鼓励学科带头人、中青年骨干教师在教育教学改革实践中寻求创新与突破，形成自己的教学风格，积累教学特色和经验，不断进步与成长。

7. 通过课题研究和实施，刷新教育多重成果

① 教育工作新机制——从导师合作制走向教师发展机制

从导师合作制走向教师发展机制，可以说，是后导师制在华模中学实践过程中的新阶段、新形态与新命题。

教师发展机制作为后导师制的深化推进，在实践中呈现出师生、师师与生生之间合作交往的新形态，更提出了新时期贯彻落实全员育人的新命题。

② 德育工作新形态——社会实践从经历走向感悟

引导学生走向社会，参与社会实践，不仅是华模通能教育的重要组成部分，也是全面实施导师制的重要导学形式。推行教师发展机制，在教师也是导师们的指导下，按自己的兴趣以小组为单位制定社会实践方案。他们带着自己的研究课题奔赴祖国各地，自己当策划，自己当财务，自己当主管，真正体现了"活动即课程、实践即学习、经历即收获"的教育理念，也体现了学校"重实践、重参与、重体验"

的"三重"德育特色。

③教学模式新平台——从传统实验室走向现代通信实验室

在创新实验室里，设置了逆境求生、互联互通、感知世界、军事模拟和探索题库等多个课题。本实验室成为服务静安区范围内学校的通信方面的创新活动实践基地，在使用对象上不仅仅只是面向华东模范中学的学生老师，也将面向校外开展教育实践活动。

参考文献：

[1] 谢凡，陈锁明.聚焦教师核心素养 勾勒"未来教师"新形象[J].中小学管理，2016（11）.

[2] 姜宇，辛涛，某霞.基于核心素养的教育改革实践途径与策略[J].中国教育学刊，2016（6）.

[3] 申屠永庆，缪仁票."五力"相成 评育结合：高中生核心素养培育的校本探索[J].中小学管理，2015（9）.

[4] 姜月.基于培养学生核心素养的教师专业发展[J].教育导刊，2016（11）.

[5] 胡书英.基于学生核心素养的教师教学方式的转变[J].理论探索，2016（10）.

[6] 董鲁皖龙.教师专业化：培养核心素养的起点[J].中国教育报，2016（1）.

[7] 柳夕浪.从"素质"到"核心素养"——关于"培养什么样的人"的进一步追问[J].教育科学研究，2014（3）.

[8] 施久铭.核心素养：为了培养"全面发展的人"[J].人民教育，2014（10）.

[9] 钟启泉.核心素养的"核心"在哪里——核心素养研究的构图[J].中国教育报，2015（4）.

[10] 成尚荣.基础性：学生核心素养之"核心"[J].人民教育，2015（7）.

[11] 辛涛，姜宇，王烨辉.基于学生核心素养的课程体系建构[J].北京师范大学学报，2014（1）.

[12] 蔡文艺，周坤亮.以"核心素养"为中心的课程设计[J].辽宁教育，2014（7）.

[13] 姜宇，辛涛.以社会主义核心价值观为中心构建我国学生核心素养体系[J].人民教育.

[14] 葛建定.创新力：教师应具备的核心素养[J].教育测量与评价，2011（11）.

[15] 王伟.新课改理念下教师核心素养的培育[J].华夏教师，2016（10）.

[16] 裴跃进.国外教师专业发展的五种模式简介及对我们的启示[J].中小学教师培训，2006（11）.

[17] 陈汉珍，鞠玉翠.国外教师专业发展趋势探析及启示[J].教育研究，2007（6）.

[18] 杨明全.教师专业发展新动向新启示[J].中国教育报，2006（5）.

[19] 田亮.培育情智素养：教师专业化发展的核心内涵[J].现代中小学教育，2010（1）.

[20] 任智霞.浅论教师专业发展学校促进教师专业发展的途径及启示[J].传承，2007（5）.

基于思想政治"生本课堂"构建的个性化校本研修的实践研究（节选）

本研究从"关注学生""尊重学生"出发，将"生本教育"思想有机渗透于思想政治课堂，积极探索"自主、开放、交互、创新"的新型课堂教学形态，这对于较好发挥显性德育的学科功能，促进学科德育与智育的协调统一提供了重要的理论和现实的参考价值；在教研组内实施"主题聚焦与解决"的个性化校本研修模式，为思想政治学科开展校本研修，提高思想政治课堂有效性提供了借鉴意义。具体成果如下：

"生本课堂"有利于学科功能发挥，提高学生思想道德水平并促进终身品格培养。"生本课堂"的构建，基于学生并着力转变学生的学习方式，关注学生在课堂中知识、智力、情感和人格意义的构建过程，体现出一定的关系性、情景性、情感性，有利于把课堂真正还给学生，最大程度把教转化为学，促进学生自我的积极建构，且强化情感体验与价值渗透，并最终促进学生的全面发展。

个性化校本研修有利于教师专业发展，是对当前校本研修的有益探索。研究表明：同伴是教师专业成长的最基本的支持力量。目前我组政治教师均面临新课改中"研究学生、关注学生"的共性问题。本课题采取基于"生本课堂"构建的个性化研修方式，教师既有分工合作，又有问题与对话；既有行动与体验，又有实践反思与总结提高。组内教师关注问题，公开自我，相互学习，不仅将较好地促进教师专业发展，而且丰富了校本研修方式，为教研组建设提供了很好的借鉴。"以生为本"与"以校为本"有利于德育改革与课程改革的协调共进，对于学科发展有较强的理论和现实意义。思想政治作为显性德育课程，德育改革与课程改革有机融合、相辅相成、相互促进。基于思想政治"生本课堂"构建的教师校本研修，突出实践性和开放性，不仅是大课程观引导下对德育课程进行改革创新，深化思想政治课堂教学的现实需要；而且也是在大德育观支撑下，德育改革与课程改革的协调共进，促进德育与智育功能有机统一的理论需要。

  基于"生本课堂"构建的个性化校本研修，利用"学习—实践—反思—实践—展示"的螺旋式方式，健全了以校为本的研修制度。通过"生本课堂"的智慧构建，通过专家引领、集体研讨、个性研修等途径，创建了平等、互助、民主、开放、共享的教学研究共同体。这种研修方式，解决了教师自主发展的瓶颈问题，探索出了即学即用求真务实的教学路径；实现了教学改革从知识为本向学生发展为本的转变，促进了学生的个性化成长。

2 关键领域的创新改写

【从教心语】

　　创新,俨然是时代最强音。作为教师,身负教书育人光荣职责,更要创造性地发挥潜能、发展智慧,开创性地做好各项工作。创新,首先要有创新意识,即要培养创新的头脑,用创新的眼光审视自己所从事的全部工作,用创新的点子激活教学与育人工作,用创新的胆略去攻克未知领域,用创新的智慧换取工作的攀登高峰。我深有体会,每当创新惠顾,教学与育人成效就会倍增。

创新视域下的思想政治课教学

思想政治学科一贯强调考查学生对各学科知识的整体把握和实际运用能力，注重知识综合运用的创新意识和能力，这就对政治课的教学提出了更高、更新的要求，倡导教师在教学中真正体现出素质教育工作者的思想精髓及使命。素质教育的灵魂，是培养学生的创新精神和实践能力，这是时代赋予素质教育的深刻内涵，也是核心素养时代对创新人才培养的必由之路。

在实际教学过程中，我尝试了从以下几个方面树立创新理念、加大创新力度。

一、教学理念，力求处处留心、富有新意

思想政治课与时俱进的先进性决定了政治教师的教学理念必须时时更新，必须坚守党的大政、方针、政策，密切关注走在时代前沿的新观点、新思想，了解并熟悉社会思潮、时政新闻，并能准确、理性、深刻地进行评析，引导学生的思想始终走在时代的前列。同时，教师的思维也要与时俱进、不断更新，要学会整合教材知识与资源进行创造性地使用，帮助学生打破思维定式，跳出原有的思维束缚，学会创新思维。

例如，《经济常识》内容中既有反映我国社会主义市场经济建设日新月异的伟大成就以及我国社会主义现代化建设的美好蓝图与鼓舞人心的发展前景；又有每一个学生极为熟悉的甚至是司空见惯的与日常衣食住行用密切相关的琐碎平凡生活，如果教师能够创新教学理念，把课堂中的知识巧妙植入这些或波澜雄伟或朴实无华的经济生活情境中，在真实的社会背景、生活情境中解决真实问题，那么书本上的知识将不再是枯燥艰涩的文字而变成了有趣、有内涵、有价值的兴致所在，成了他们的课堂乐趣源泉。

二、教学方式，追求技巧高明、方法新颖

从教以来，我发现高明的老师在课堂教学的组织形式上往往有一些"独门绝活"，比如方法别致：或"润心细无声"，或"抛砖引玉"，或"以静制动"；比如语言鲜明，或机智幽默，或稳重凝练，或简明扼要；再如过程清新，或精心设计，或别出心裁，或妙趣横生，等等。这些技巧的运用在课堂上取得的效果远胜于"填鸭式"的枯燥无味的呆板。这些技巧其实也是一种创新。

从创新教学的角度讲，这些技巧的运用，是对传统单一教学的更新，改变了以往政治课"冷冰冰、干巴巴"单调乏味的旧形象。教师根据不同的内容采取不同的教学方法，从表情、手势、语言到设问，根据所教内容，因时因情因势进行创新设计，这更多的是依赖于教师自身素养的提升与功力的深厚，依赖于师生之间良好的相互信任与情感互动。这样，当教师以引导者身份出现于课堂，设置一个又一个问题、组织一个又一个活动环节时，学生才会全力配合、倾情投入，在教师的引导下充分体现出主动积极的主体地位，不断地去质疑、去探索、去发现、去获取，如此，师生双方才会抓住那稍纵即逝的智慧契机，才会打造出和谐高效的课堂，课堂上才有可能时不时地引发学生生命潜能中创新的火花。如此循环往复，学生一次次地进步提升，兴趣盎然、乐在其中；一次次地品尝创新的美妙滋味、乐此不疲。

三、课堂结尾，讲求不落窠臼、有所创新

对于课堂教学结构的安排，我发现科学艺术地设计教学的结尾，让结尾富有启发性、思考性，更能让学生对新课程充满好奇和兴趣，从而逐步培养起学生创新的能力。因而，教师有必要精心设计、讲究课堂教学结尾的艺术。

在多年的教学生涯中，我摸索出了四种较好的能够让学生有一定的想象、思考和创新空间的结尾方式：

一是延展式结尾，即采用联系时事材料来深化教材知识，将课本重点与时事热点紧密联系在一起，将书本内容延伸拓展至课外，从而开阔学生思考问题的空间，培养学生的思维创新能力；

二是悬念式结尾，即在顺利完成课堂教学后，运用灵活的设疑启思法"故弄玄虚"巧妙设问，留下悬念激发学生的好奇心与求知欲。通过悬念式的结尾方法，往往会达到课断而思不断、言尽而意无穷的良好教学效果，激发学生的课后主动再学习；

三是引导式结尾，即对社会时政热点问题进行剖析、评判、解说，从正面对学生进行思想政治教育，从而水到渠成地提高学生的思想觉悟；

四是总结式结尾，即在新课结束后对本节课所学内容进行简明扼要地分析评价，从而获得规律性认识。这种总结，可以让学生自主进行，这对培养学生的逻辑思维，提升归纳总结能力极为有益。

由此可见，精心设计、讲究课堂教学的结尾艺术，不仅能够有效地提高课堂教学效率，而且对于拓宽学生的视野、发散学生的思维、创新学生的观念、培养学生的能力不失为一条极好的途径。

四、社会实践，追求多元探索、路径创新

课堂教学要达到最优化的效果，光靠教师用抽象的语言去说教、灌输，很多知识学生可能难以真正理解接受。如果能够走上社会这个大课堂，开展形式新颖的社会实践活动，而且每一次活动都能调动大多数学生积极参与，则可以放飞学生的想象，激发强烈的好奇心，增加学生对信息的获取量并提高学生的感悟力，促使学生把对社会事物抽象理解转化为主体自觉行为。

在社会实践系列活动中，我们曾经带领学生走入本地的大型企业，创设了模拟记者招待会与企业家交流互动的学习情境，为学生的探索创新提供了充分的时间和空间。我曾就安排学生活动的形式力求创新，进行过有益的尝试。一段时期，媒体上不断出现一个新名词："纳米"和"纳米技术"，在电视上经常出现有关纳米的产品："纳米地板""纳米冰箱""纳米陶瓷"，等等，令人目不暇接。

"纳米"究竟是什么？学生很好奇。为了将其弄个明白，更好地培养学生分析问题、解决问题的创新能力，高一学习《经济常识》时，我给学生布置了两道思考题：1. 纳米技术的应用对我们的生活方式有何影响？ 2. 纳米技术的发展对生产力的发展

有何作用？要求他们带着问题利用课余时间到市场上做调查研究，并查阅有关资料，写成小论文。

对"纳米"的兴趣促使了他们的仔细察看、积极探究，让全班同学都参与到这项活动中来，写出了众多质量较高的小论文。到高二学习《哲学常识》时，我又旧话重提，布置了一道思考题："纳米"的提出与"一尺之棰分割，万世不竭"的哲学思想关系怎样？通过分组讨论、总结交流的方式，学生再一次对"纳米"有了更深层次的认识。这样，经过高一《经济常识》、高二《哲学常识》的学习，学生终于对"纳米"和"纳米技术"有了准确、清晰、完整的认知。

开展社会实践活动，变"苦学"为"乐学"，使学生真正感受到探究的乐趣，激发出了学生的学习情趣。这样的大课堂——社会实践活动，不仅使学生的精神境界得到愉悦，同时也唤起了学生以理性的态度对待自然、社会和自己。

时代在飞速进步，做个真正的好教师，要勤于探索、勇于创新。作为思想政治课教师，我们更是重任在肩：只有通过树立创新理念、改进创新课堂、延伸创新力度这一有效途径，才能一改思想政治课以往那种虽"五官端正"却"冷冰冰、干巴巴"的面孔，才能让政治课灵动鲜活起来，从而实现课堂教学效果的优化，使教师"乐教"、学生"乐学"。

思想政治课教学的"四环节十六字"

"四环节十六字"是学校强化教学质量、提升课堂效果的有力举措。思想政治课充分解读"四环节十六字"内涵，运用到课程与课堂教学实践中，从学生和教师两个主要层面加以规范与落实，取得了很好的效果。

一、推进学生学习"四环节十六字"的落实，改善学生学习行为；探索教师教学"四环节十六字"的实践，完善教师教学行为

1. 学生学习行为"四环节十六字"方面：近年来，政治教研组在学生行为指导方面，全面推进落实"四环节十六字"。重点研究落实了预习环节的"读"、上课环节的"议"、作业的设计和落实、复习环节的"理"，并进行了整理笔记的展示。在作业和辅导方面更是结合学校的新要求，做到分学生、分内容和分阶段的三分研究，提高了作业、笔记和辅导的有效性，从而改善学生的学习行为。

2. 教师教学行为"四环节十六字"方面：教师的课堂教学领导力定位在"导、述、变、结"四个方面进行分解，每学期每位教师从"导、述、变、结"中选一个合适的切入口，开好一节公开课；加强教师间的相互学习，积极开展教学方法的研究、交流，推进教师教学行为的完善，提升教师教学业务水平。

二、依托"四环节十六字"，实现学生"上课"环节和教师"授课"环节的课堂增值

1. 学生学习行为"四环节十六字"方面：着力推进学生"上课"环节的课堂增值。在"上课"环节的"听、记、议、练"中，教研组选择了"议"与"练"作

为有效实现课堂增值的突破口。通过"时政演讲""时事快车道""问一问、答一答""我的问题我作主""议一议、练一练"等多种方式来实现课堂上师生之间的良性互动，拓宽学生思维和兴趣的广度和深度，充分发挥学生的主体作用，体现"一切以学生的发展为本"的二期课改理念，从而实现课堂教学有效增值。

2. **教师教学行为"四环节十六字"方面**：着力实现教师"授课"环节的课堂增值。由教研组制定教师"授课"环节的课堂增值方案，每位教师在学期初上报个人课堂增值行动的切入点、年级、家常课展示时间及课题等，教研组每学期安排2—3次的课堂增值实践交流。同时要求本组每位教师本学期结束时对整个学期的增值行为进行小结，整理上交一篇有关我课堂增值的案例或论文，并在《华模教育》上以专辑的形式进行展示交流。相关教案及反思等材料也在学期末由教研组汇总后上交学校教导处归档。

近年来，政治教研组着力围绕课堂教学持续推进"四环节十六字"的研究，密切结合"课堂增值"的目标和要求，着力打造了三个增值：课堂细节增值（重点通过落实"四环节十六字"的要求来实现）、师生联动增值（重点通过提升教师的设问策略和培养学生的思维能力来实现）、课后延续增值（重点通过课堂增值的案例或论文的交流和开展相关的社会实践活动来实现）。

思想政治课的有效导入案例

新课导入，是课堂教学过程中的基础和重要环节，它直接关系到课堂教学的质量和学生学习的效果。一堂成功的思想政治课中，新课导入的有效与否起着举足轻重的作用，精彩的导入不仅能够活跃课堂气氛，而且能够激发学生兴趣和求知欲，引导学生"听"出兴趣、"思"出问题、"辩"出真理，从而实现课堂增值。

一、案例背景

"国家的宏观调控"是经济常识第七课《市场经济与宏观调控》中非常重要的一节内容。该章节首先分析了在市场经济中宏观调控的必要性，指出市场经济存在着低效性和局限性，再引出宏观调控恰恰能够弥补市场经济的缺陷和局限。在讲清为什么必须要有宏观调控后，又顺理成章地提出宏观调控的目标和手段这一内容。因此，从教学过程和安排来说，宏观调控的目标是既承接上堂课的内容，又是这堂课的一个导入环节。

从教学的内容和重难点的把握上，对于宏观调控的四大目标，教材作了概要说明，没有展开。而对调控手段，按照"在什么情况下用""怎么用""结果会怎样"的顺序，进行了适当展开的分析，很明显宏观调控的手段是这堂课的教学重点。而宏观调控的四大目标经济增长、就业增加、物价稳定、国际收支平衡中的每一个目标都对社会经济的健康发展发挥着自己特定的作用，但随着经济形势发展又会有一定的阶段性变动，四大目标之间的关系也呈现出复杂性。因此宏观调控的目标就成为本堂课的教学难点。

既是课堂导入环节，又是教学难点，这对教师的教学提出了极大的挑战。怎样可以做到既引人入胜又突破难点呢？我对此进行了一番探究和实践。

二、案例过程

【教学导入】通过前面的学习，我们知道了市场经济有其本身的积极作用，但也显露出其固有的弱点和局限。因此，实行有国家宏观调控的市场经济，成为现代市场经济国家普遍的选择。今天让我们从宏观调控的目标和手段来进一步了解国家的宏观调控。

【看图分析】图表分别反映了什么经济现象？

【时政要闻】国家宏观调控的目标及实施结果。

【核心知识】经济增长是宏观调控的首要目标。

【看图思考】经济增长是否等同于经济发展？（出示图片）

【学生小结】增长≠发展

【师生归纳】我国宏观调控的主要目标（教师板书）

$$\left.\begin{array}{l}\text{促进经济增长——首要目标}\\\text{增加就业}\\\text{稳定物价}\\\text{国际收支平衡}\end{array}\right\}\text{相辅相成}$$

【课堂总结】宏观调控的主要目标之间的关系。

政府的宏观调控，是一个根据每一阶段中心目标不断审时度势，既重点保证中心目标的实现同时又在几大目标间把握平衡和进行协调的过程。

三、增值分析

在课堂教学的导入阶段，首先通过数据图表引导学生客观分析近几年中国经济的发展，看清中国经济的走势，从而自然而然地引出国家宏观调控的目标及实施结果。这样的导入能使学生在最短时间内进入到课堂中，同时又能引发学生对当前时政的关注。紧接着我引发学生思考"经济增长是否等同于经济发展"这个问题，并且通过一系列的数据和图片来引导学生自己归纳得出结论——增长≠发展，紧随其后了解国家的宏观调控目标中还有其他三个目标也是必不可少要实现的，要深层次地理解宏观调控的主要目标之间的关系。

四、案例反思

　　新课程改革进程中，我们政治教师既要勇于向40分钟要效率，又要善于升华教材内容，把政治课教实、教活、教出特色来。政治课的性质决定了政治老师必须与时俱进、勇于创新，并能够站在时代的前沿看待问题，分析问题。这就要求政治教师不仅要吃透教材，把握教材的重难点知识，而且要直面现实问题，把最新鲜的资讯传递给学生，使政治课堂教学真实而富有活力，贴近生活，贴近学生，贴近实际，颇具新鲜感和"诱惑力"。这样的教学，能让学生兴趣盎然；这样的课堂，才是鲜活富有生命力的。要打造这样的课堂教学，优质的"教学导入"功不可没，这一环节的成功，直接引导整节课从一个成功走向多个成功。高明的有经验的教师都极其重视新课导入的重要性与有效性，这也是我们每一个政治教师义不容辞的职责担当。

"一例到底"案例教学法浅议

随着新课改的推进，案例教学已经被普遍应用于政治课堂教学中，无论是课本辅助案例或者是社会资源案例，教师都可以拿来为课堂所用，结合教学内容，选取合适的案例，帮助学生生动形象地理解和掌握知识。课改初期，案例教学通常采用一理多例或者一理一例的方式，随着时间的推移，这种类似于"一一对应"、缺少辩证思维的案例教学的弊端逐渐显现出来。为弥补其弊端逐渐提出了"一例到底"的教学方法，这种教学方式符合新课改要求，能够使教学内容贯穿始终，便于学生深度掌握不同内容的内在联系，使整个课堂教学流程连续清晰，一气呵成，从而创设出良好的学习氛围，培养学生的思辨能力。

一、"一例到底"的备课选择与案例编写

教学方法的选择，说到底是为教学内容服务的。无论采取哪种教学方法，需要结合教学内容以及如何更好实现教学目标来设定，对于"一例到底"的教学原理来说也是如此。课前教师的备课应当结合新课程标准以及学生的实际认知起点，列出学生需要掌握具备哪些能力，对教学重难点进行分析，分析各知识点的内在联系，针对性地选取案例。

比如在备课《道德与法治》八年级下册第三课第二框"依法行使权利"这一教学内容时，要求学生在处于复杂环境下能够明辨是非，学会自我保护技巧，懂得生命的尊严，懂得自立自强，如果权利受到损害，要懂得通过"协商、调解、仲裁和诉讼"等方式依法维护权利。但这一部分内容专业性强、理论较为抽象，八年级的学生不容易理解。因此，教师在对本节课的教学目标、内容结构、教学重难点进行分析后，在全面了解学生、准确把握学情的基础上，应当精心选取适当的案例并将

"协商、调解、仲裁和诉讼"这四种维权方式有机融合进案例,编写成一个贴近学生生活实际的完整的"一例到底"案例故事,帮助学生在案例中感知人民调解方式的优势,学会利用法律武器合理保护自身权益。这种"一例到底"的案例编写的质量将直接影响课堂的教学效果。

二、"一例到底"的主线贯穿与情景构建

运用"一例到底"进行教学,"一例"是能够贯穿整个教学过程的主线,"到底"是指多个辅助案例之间环环相扣。教师可以结合教学内容进行案例情境的构建和问题的设计,让学生主动开展知识探索,进行知识构建。

例如,在学习《道德与法治》八年级下册第二单元第三课"公民的基本权利"这一内容时,涉及"选举权和被选举权、政治自由、监督权、人身自由权"等诸多法律专用术语,但是初中学生对国家层面的政治生活了解极少,会觉得这些权利和自由距离自己很遥远,不好理解,也缺乏学习兴趣。为此,教师可以选取班级中某位同学的全体家庭成员(退休的爷爷奶奶、上班的爸爸妈妈、上学的学生自己),编织每一位家庭成员一天的工作、生活情景故事,探究他们每一个人在故事过程中享有的基本权利,然后以合理的方式将多个辅助案例贯穿成一条主线、编写成一个关联度高、完整的案例呈现出来。通过这样的教学贴近学生的"一例到底"方式,突出教学主题,引发学生学习兴趣,引导学生正确认识案例所涉及的公民权利,帮助学生增强权利意识,感受公民基本权利的价值,顺利达成情感态度价值观教学目标。

由于采用"一例到底"教学时会涉及很多案例,包括主案例以及辅助案例,需要教师熟悉案例以及辅助情境的各个细节,只有充分了解案例才能够将其有效运用于课堂教学中。除熟悉内容外还需要结合案例特点以及学生学习习惯,选取合适的方式进行呈现,包括查找资料呈现、多媒体呈现、小组讨论呈现等。

三、"一例到底"的分析讨论与探究引导

由于教学中案例是多角度的,教师应当引导学生融入不同的角度进行问题分析,

针对不同问题发表个人观点，然后小组交流讨论，经讨论后每个人会增加见解；小组之间再次进行交流，每个人又会有更多的见解，这种循环上升的学习方式能够从多个角度培养学生分析问题、解决问题的能力。

"一例到底"教学法采用小组讨论的形式较多，因此教师应当善于进行组织。在教学过程中应当将案例与教学内容有机联系在一起，进行必要的关联和总结，在开展教学时以一个案例作为主线，设计多个情境，提出针对性问题，使学生能够感觉一节课解决了问题、提升了能力。

相比传统案例教学来说，"一例到底"的教学是为设计一个环环相扣的问题服务的，所以问题之间必须保持严密的逻辑关系。教师在设计问题时，应当遵循由易到难的原则，遵循学生的认知规律，使其能够由表及里、循序渐进地接受新内容，最终获取良好的教学效果。如果问题设计过于简单，则会无法吸引学生兴趣；如果问题设计过难，则会使学生丧失学习信心，因此教师在设计问题时一定要注意"问题链"设计难度的梯度上升。

总之，"一例到底"的教学方法，以精选案例作为主线索，贯穿于整个课堂教学，对于教师来说能够理清教学思路，突出教学主题，把握好案例主要线索，从整体上推进教学，将案例合理运用贯穿于整个课堂教学，从容自信地开展教学；对于学生来说，"一例到底"的教学方法，能够突出教学重点，帮助学生饶有兴致地展开讨论、探究等主动学习，留下清晰深刻印象，凸显学生主体地位，切实落实以人为本的教学理念。

参考文献：
[1]管银凤.思想政治理论课课堂教学、实践教学和网络教学一体化研究[J].大学教育，2017（10）.
[2]曾鸿刚.提高初中思想政治课堂教学效率的策略[J].新智慧，2017（12）：76-77.
[3]赵丹.探究式教学法在高中思想政治课堂中的应用[J].辽宁教育，2017（3）：84-87.

第四章 站岗：跋涉升阶

【章前絮语】

既然选择了教育，就选择了永在路上，永在追求之中。

教育，没有止境，只有更好，没有最好，教学，没有穷尽，只有接近，没有终极。执教者的生涯，决定了教育旅程有的是跋涉之征程，决定了教学高峰有的是攀登之冲锋。

跋涉是执教者的姿态，攀登是执教者的常态。平凡的每一天，就是跋涉的当口，不凡的每一课，就是攀登的台阶。乐于不断地学习，勤于平凡的工作，执教者的命运就在这种转换中升华。

作为人民教师，要有站岗放哨的实力。

1 教学课例的集萃呈现

【从教心语】

从教以来，醉心教学，沉浸教学，研究教学，喜欢在学科教学中"畅游"，有"如鱼得水"之感。会精心准备每一节课，如同士兵上战场一样；会精心设计每个课例，要把最合适的一面呈现给学生。教案，是我教学中走过的心路历程的记载，是我教师生涯中不断追求完美的浓缩。化教案为完整，是教师的实力；变教案为无形，是教师的功力。好的教案，教学成功的一半；用好教案，是教学效力的增添；创新教案，是教育智慧的显耀。

《自由平等的追求》教学设计

（2020年6月18日中央电教馆名师教研共同体全景学习平台国家级网络示范课）

一、学习内容分析

通过前三个单元的学习，学生对宪法的概念、公民的基本权利和义务、国家的基本制度等相关宪法知识有了一定的了解，本单元主要围绕自由、平等、公正、法治，这一社会主义核心价值观的重要内容展开，要求学生懂得法治是实现自由平等、公平正义的保证，追求自由平等，维护公平正义，是法治的价值追求，从而树立崇尚法治精神。

第七课《尊重自由平等》设有两框内容，第一框"自由平等的真谛"主要阐述什么是自由与平等？法治与自由、平等的关系是怎样的？第二框"自由平等的追求"主要让学生真正懂得我们应该如何实现对自由平等的追求，为建构平等有序的社会制度作出自己贡献。

本框的逻辑结构比较清晰，从珍视自由和践行平等两个方面，阐述了我们应该如何实现对自由、平等的追求。

二、基础学情分析

首先，八年级的学生思维比较活跃，有一定的分析问题、解决问题的能力，但是思维方式和社会经验尚嫩，对现实生活中的许多事情缺乏辨析能力。

其次，通过上一节课的学习，学生对于平等自由的概念，在道德层面的生活经验上已有认识，但这些认知尚处于懵懵懂懂的初始阶段，很难从法律的角度来理解自由和平等，尤其是从宪法的角度来理性地加以对待（例如，仅仅认为自由受班规和校纪的约束和限制，很难把自由和法治联系在一起）。

再者，因为年龄阅历的原因，八年级学生对于如何珍视自由和践行平等，在认知与践行上有一定难度，在遇到不平等待遇时容易冲动，缺乏用法律捍卫权利的能力。

基于以上学情分析，本框学习意在引导学生增强平等意识和珍视自由意识，积极探索珍视自由、践行平等的落实路径，崇尚和弘扬法治精神。

三、教学目标

情感、态度与价值观目标：珍惜宪法和法律赋予我们的权利，增强平等意识，树立守法光荣、违法可耻的法治意识。

能力目标：能够正确认识自由、平等的价值取向，学会用辩证的方法看待和分析社会现象。

知识目标：知道珍视自由、践行平等的方法，理解法治视角下如何追求自由和平等。

四、教学重难点

重点：珍视自由必须依法行使权利。
难点：践行平等，反对特权。

五、教学过程

导入新课：同学们，呈现在我们面前这熟悉的社会主义核心价值观24个字，凝练了我们对美好生活的共同向往。其中，自由、平等、公正、法治是社会层面的价值取向与追求。自由、平等，从来都是人们对美好社会的生动表述。同学们，你们向往自由、渴望平等吗？答案一定是肯定的。那么，我们应该怎样实现对自由与平等的向往与追求呢？现在，让我们共同走进今天的课题《自由平等的追求》。

【设计意图】利用图片，点明这24个字凝练了众人对美好生活的向往与追求。自由、平等，人皆向往、人皆渴望。那么，我们应该怎样实现对自由与平等的向往与追求呢？由此导入新课《自由平等的追求》。

自由快乐，人皆向往。什么样的生活才是自由的、快乐的？请同学们翻看教材102页的阅读感悟。中华民族历来追求自由快乐的生活，早在明朝时期，开国皇帝朱元璋曾与大臣们对什么是自由与快乐这一话题进行过专门的讨论，得出了"自由快乐之人，必是敬畏法度之人；敬畏法度之人，多是严以自律之人"这样的共识。可见从明朝开始，人们就懂得了自由是有边界的，法内自由才是真正的自由：一个人如果内心尊崇法治，不义之财不拿，不当之利不得，不法之事不为，他就拥有自由，反之则会失去自由。自由是如此的可贵，那么，我们应该如何珍视自由呢？让我们来看一则身边的案例吧。

【设计意图】通过阅读感悟引导学生懂得法内自由才是真正的自由。

一、珍视自由（板书）

活动环节1. 珍惜宪法和法律赋予的权利

教师活动：受新冠肺炎疫情影响，2020年春季全国中小学开启"空中课堂"在线学习教育。面临战"疫"时"课"，八年级的图图宅在家中用手机大过网络游戏瘾。妈妈督促他学习时，他说："现在我在校外，老师管不着，听不听课做不做作业是我的自由。"请讨论：图图说的"自由"是无限制的自由吗？请你对照《中华人民共和国宪法》《中华人民共和国教育法》与《中华人民共和国义务教育法》的有关规定，对图图的言行进行评析。

学生活动：开展小组协作探究讨论学习，结合《中华人民共和国教育法》与《中华人民共和国义务教育法》的有关规定，分享对案例的思考，讨论问题后推选小组代表回答。

在教师的引导下达成以下认识：图图对自由的认识是错误的。自由是指人们在法律规定的范围内依照自己的意志活动，不是为所欲为，想做什么就做什么。《中华人民共和国宪法》第46条规定公民有受教育的权利和义务。根据这一母法制定的《中华人民共和国教育法》《中华人民共和国义务教育法》等具体法律也都明确规定受教育既是公民的权利也是公民的义务。图图没有正确认识到按时上课、做作业既是他享有的受教育权利，也是他必须履行的受教育义务。他的行为已经超出了宪法和法律的规定范围，是对自由的误读，实质上是不珍视自由的行为，学校可以予以批评教育。

教师小结：法国哲学家卢梭说过，"人生而自由，却无处不在桎梏之中"。自由不是随心所欲，是有限制的，这个限制就是法律，法内自由才是真正的自由。珍视自由，就要珍惜宪法和法律赋予我们的权利。我们要知晓自己的权利，正确认识权利的价值，积极行使和维护自己的正当权利。

【设计意图】本活动依托《中华人民共和国宪法》《中华人民共和国教育法》《中华人民共和国义务教育法》，借助情景案例激发学生参与讨论兴趣，引导学生在知晓权利的基础上倍加珍惜自由的价值，从而学会珍惜宪法和法律赋予的权利。

过渡：人人生而自由，但是在现实生活中却难免会有权利遭受侵犯之时。这个时候，我们该如何捍卫自己的权利呢？请同学们将书本翻到102页，让我们来看看书上的一个案例吧。

活动环节2. 依法行使权利

教师活动：出示并解读课本P102的情景案例

提问：（1）请结合宪法第三十五、三十八、五十一条的规定评论唐某的言行。

（2）网友大量转发唐某回复的行为，你怎么看？

（3）如果你是关某，面对此事你会怎么做？

学生活动：查阅宪法小红本，结合自己的生活经验分享对案例的认识，阅读、思考、讨论问题后回答。

在教师的引导下达成以下认识：（1）根据宪法第三十五、三十八、五十一条的规定，言论自由以不侵犯、不损害他人的合法权利和自由为前提。唐某的行为是滥用言论自由权，侵犯了关某的人格尊严权（名誉权），属于违法行为。

（2）网友转发唐某回复的行为，很自由，但是这个自由属于不辨真假盲目转发谣言，转发谣言达到一定次数，必须承担法律责任。这启示我们今后在网上"快乐冲浪"之时要牢记网络空间不是法外之地，一定要注意甄别信息的真假，不盲从、不信谣、不传谣，谨慎转发信息。

（3）我们要像关某一样，通过法律途径起诉唐某，捍卫自己的合法权利。这启示我们当合法权利遭受侵犯时，不可逞一时之气，图一时口舌之快，私自采取过激行为，因为这样无助于问题的解决。我们应学会自觉守法、遇事找法、解决问题靠法。

教师小结：珍视自由，必须依法行使权利。作为公民，思想上应树立守法光荣、违法可耻的法治意识；行动上应自觉守法、遇事找法、解决问题靠法。

【设计意图】本活动旨在通过案例分析引导学生意识到网络也无法外之地，要正当维权，也要依法行权；引导学生要用法治思维和方式来处理生活中的矛盾。

过渡：通过学习，我们懂得了作为公民应在法律、法规的范围内珍惜权利、行使权利，这才是真正做到了珍视自由。自由平等，人皆向往，所以除了做到珍视自由，我们还要践行平等。那么，践行平等，我们又应该怎样做呢？让我们再来看两则案例吧。

二、践行平等（板书）

活动环节3. 反对特权

教师活动（出示两则案例）：案例1.毛泽东是中华人民共和国的开国领袖，但毛主席在处理亲情方面极为坚持原则。新中国成立后，杨开慧的哥哥杨开智写信给毛泽东，要求来北京工作，却遭到毛泽东的拒绝。毛泽东告诉湖南省委第一书记王首道："杨开智不要来京，任何无理要求不应允许。"

案例2. 教材103页伟大的无产阶级革命家、政治家，党和国家的重要领导人陈云同志在革命战争年代不搞特殊化、拒绝接受新军装的事迹。

请讨论：毛泽东、陈云的言行对于我们今天践行平等有何教育意义？

学生活动：学生开展小组协作讨论探究，推选代表作答。

在教师的引导下达成以下认识：这两则案例是老一辈无产阶级革命家立党为公、

不搞特权的生动写照，今天依然是值得我们学习的好榜样。所谓特权，就是法律、制度之外的特殊权利。特权是平等的反义词，践行平等就是要反对特权。这一点，老一辈无产阶级革命家为我们做出了表率。

【设计意图】本活动旨在通过两则案例，引导学生认识到这是老一辈无产阶级革命家立党为公、不搞特权的生动写照，今天依然是值得我们学习的好榜样。

教师活动：时代发展到今天，习近平同志在党的十九大报告中提出在全党范围内开展"不忘初心，牢记使命"的主题教育，这与毛泽东、陈云同志一贯秉承的优良传统作风一脉相承，是我们党立于不败之地的法宝。那么，今天党和国家又是怎样对待"特权"的呢？我们一起来看看吧！

（出示党的十九大报告强调"坚持以上率下，巩固拓展落实中央八项规定精神成果，继续整治四风问题，坚决反对特权思想和特权现象"以及习总书记关于反对特权的话语"领导干部严格自律，要注重自觉同特权思想和特权现象作斗争，从自己做起，从身边人管起，从最近身的地方构筑起预防和抵制特权的防护网"。）

提问：这两则材料说明了什么？党和国家为什么这样做？

学生活动：读材料谈感悟，思考问题后回答。

在教师的引导下达成以下认识：说明我们党和国家坚决反对特权。因为特权是平等的大敌。它破坏平等，助长消极腐败，践踏了法律、制度的尊严和权威。现实生活中，的确还存在着有人只享受权利不承担义务，或利用手中权力以权谋私，或利用社会关系追逐一己私利，所以党和国家才会加大反腐力度，强调惩治腐败、反对特权要一抓到底，绝不松懈。

教师小结：特权是平等的大敌，"特权"现象背后的实质是权利的不平等。践行平等，就要反对特权。法律的尊严和权威不容侵犯，任何践踏法律的行为必将受到制裁和惩罚。每个公民都应平等地承担法律规定的义务，不得享有不受法律约束的特权。

【设计意图】本活动旨在引导学生进一步认清特权的实质，懂得从过去到现在党和国家始终都坚决反对法外特权。（突破"反对特权"这一教学难点，如果选用负面新闻或案例，可能会在无形中向学生传递负能量，造成"好心办坏事"的结果；所以更应注重选用正面真实案例让学生信服。）

过渡：践行平等，人人有责，这是我们的共识，也是宪法的规定。我国宪法第三十三条第二、三款明确规定：中华人民共和国公民在法律面前一律平等。国家尊重和保障人权。人权首先是人的生存权和发展权，每个人都有平等的生存、发展和追求幸福的权利。在人权问题上，尤其是如何对待老年人的生存权，我们来看看疫情期间不同国家的做法吧。

活动环节4. 平等对待他人的合法权利

教师活动（出示两则数据对比材料）：1. 新冠疫情发生后，习近平总书记做出重要部署"把人民生命安全和身体健康摆在第一位"，要求全力以赴救治患者。在武汉，上自108岁的老人，下至出生仅30个小时的婴儿，都全力救治；对每一位老人，不抛弃、不放弃，治愈了湖北省3 600多位80岁以上的老年患者。

2. 疫情期间，当医疗设备不够用时，美国让60岁以上老人签署放弃治疗协议。西班牙马德里养老院3月至4月之间死亡人数在数千人。截至4月底，法国老人死亡病例超过1万。意大利米兰，养老院里三分之一的老人死于病毒感染。

提问：这两则材料说明了什么？

学生活动：阅读材料并开展小组协作讨论探究活动。在教师的引导下达成以下认识：从数据对比中，我们看到中国政府信守"把人民生命安全和身体健康摆在第一位"的承诺，践行平等尊重、保护每一个生命（包括老人与孩子），切实防控疫情向世人展示了言行一致的负责任大国形象；同时，我国宪法第三十三条的有关规定，从法律层面确保了每个人平等的生存、发展和追求幸福的权利（包括老年人的生命健康权）。

教师小结：平等对待他人的合法权利，这是践行平等的又一重要表现。我们要以法律为基本行为准则，平等对待所有成员，尊重他人的合法权益。

【设计意图】引导学生从国家意识的高度坚定制度自信，切实看到中国始终把人民群众生命安全和身体健康放在第一位，践行平等、尊重、保护每一个生命，防控疫情向世人展示负责任的大国形象；同时引导学生从法治认同的层面崇尚法治精神，切实认识到每个人都有平等的生存、发展和追求幸福的权利，老年人也有生命健康权。我们要以法律为基本行为准则，平等对待所有成员，尊重他人的合法权益。

过渡：平等对待他人的合法权利，说起来容易做起来不易，因为在现实生活中，"不平等"现象依然存在着。让我们先来看看书上的三幅图片。

活动环节5. 敢于抵制

教师活动【出示教材103页探究与分享三幅关于就业歧视种种现象（身高、性别、学历歧视）的图片】：同学们，你们在现实中见过这种歧视吗？这种就业歧视现象背后的实质是不平等。当我们遭遇"不平等"时，我们应该怎样做？让我们再看一则案例（出示案例）："小张的表姐大学毕业后应聘多家单位都被告知'只收男性'，她很苦恼，无奈之下将招聘单位告上了法庭。法院经过审理，认定被告侵犯了原告的平等就业权，小张表姐胜诉。"

提问：请结合宪法和劳动法的有关规定，说说小张表姐的做法对于我们践行平等有什么启示？

学生活动：开展小组探究讨论，在教师的引导下达成以下认识：根据《中华人民共和国宪法》第四十八条规定："中华人民共和国妇女在政治的、经济的、文化的、社会的和家庭的生活等各方面享有同男子平等的权利。国家保护妇女的权利和利益，实行男女同工同酬。"以及《中华人民共和国劳动法》第十三条规定："妇女享有与男子平等的就业权利。"小张表姐运用法律武器捍卫自身权益的做法，启示我们践行平等，就要敢于抵制不平等的行为。面对不平等现象，我们不能听之任之，应据理力争，必要时依法维权。

教师小结：践行平等，就要敢于抵制不平等的行为。在现实生活中，仍然存在着就业歧视、性别歧视等种种不平等现象，损害了公民的人格尊严，违背了法律面前人人平等的原则。面对这些不平等现象，我们不能听之任之，应据理力争，必要时学会依法维权。

【设计意图】本活动旨在帮助学生懂得在现实生活中，仍然存在着的就业歧视、性别歧视等不平等现象，损害了公民的人格尊严，违背了法律面前人人平等原则。面对不平等现象，不能听之任之，应据理力争，必要时学会依法维权。同时结合宪法和劳动法的有关规定，帮助学生从法律层面坚定抵制不平等行为的信心，增强平等意识，努力践行平等，实现法治精神升华。

课堂小结：同学们，"自由、平等"，从来都是人们对美好社会的生动演绎，也是人类永恒的追求。自由与平等来之不易，为了实现人与人之间的自由平等，需要每个公民把珍视自由、践行平等落实到日常生活、学习和工作中，共同构建平等有序的社会制度。这是自由平等的法治价值，也是我们崇尚的法治精神。请记住：自由平等是照亮现代文明的一束亮光，让我们与之同行。

课后拓展：出一期以践行平等为主题的黑板报。

【设计意图】旨在加强学生对珍视自由、践行平等的落实；助力学生将所学知识化知为行。

课后点评：

吴老师在中央电教馆"全景学习平台"上为云南省楚雄市金鹿中学八年级学生上的题为《自由平等的追求》的国家级示范课，这节课目标定位准确，逻辑结构清晰。整堂课紧紧围绕着我们应该如何实现对自由、平等的追求这一基本问题展开。从教学方法、资源选择、学生活动设计等方面都非常好地落实了教学目标的要求，得到了云南、上海广大师生的好评。本节课，主要有以下四个方面的亮点：

第一，突出社会主义核心价值观的教育

新课导入时吴老师首先出示了学生非常熟悉的社会主义核心价值观宣传图片，解读了这24个字的含义，点出课题《自由平等的追求》内容就是进一步落实社会主义核心价值观的要求，由此导入新课。这样的导入能够提升学生对"珍视自由、践行平等"重要意义的理解。

第二，运用真实的生活情境，提高学生的思辨能力

在讲解"要珍惜宪法和法律赋予我们的权利"这一教学重点时，吴老师根据今年由于受新冠肺炎疫情影响，各校开启"空中课堂"在线学习过程中，有学生认为"现在我在校外，老师管不着，听不听课、做不做作业是我的自由"的真实情境，让学生运用学过的相关法律知识，对这种想法进行评析。通过讨论引导学生在知晓权利的基础上倍加珍惜自由的价值，从而学会珍惜宪法和法律赋予的权利。

第三，讲好中国故事，继承发扬党的革命传统和优良作风

为了帮助学生理解"践行平等就要反对特权"这一教学难点，吴老师给学生讲

述了党和国家领袖毛主席以及国家领导人陈云反对特权的故事，同时联系进入新时代，习近平总书记关于反对特权的话语，引导学生进一步了解反对特权是中国共产党的一贯主张和原则。

第四，联系社会热点，提升制度自信的信念

今年世界各地相继暴发了新冠病毒疫情，各国在平等对待人的生存权方面存在巨大差别。吴老师在讲解"践行平等就要平等对待他人的合法权利"时，联系疫情期间我国党和政府把人民群众生命安全和身体健康放在第一位，对经济社会发展按下了暂停键，不惜付出很高的代价，取得抗疫斗争的胜利。反观欧美国家对老年病人放弃治疗导致死亡人数不断增多的事实，更增强了学生对我国国家制度的自信。

（点评专家：上海市特级教师、正高级教师秦红；上海市特级教师吴永玲）

《当代国际关系中的合作与竞争》教学设计

（2012年4月26日 "一课多教"全国公开课：安徽、贵州、河南、吉林、辽宁、西藏、浙江、福建、上海等省市区）

一、教学目标

知识和技能：了解基于国家利益的合作与竞争是当代国际关系的特点和表现；理解国家关系变化的决定性因素是国家利益；能够建构国家利益与国际关系，合作与竞争等知识之间的逻辑关系。

过程和方法：在学生原有认知的基础之上，结合教材内容，建立系统的知识逻辑与思维结构，理解当代国际关系中的合作与竞争；通过设问法、例举法等方法，引导学生达成比较、理解、分析、综合、应用、评价等能力梯度；通过教学，激发学生对相关知识问题作进一步探究的兴趣。

情感态度价值观：在国际关系问题上确立正确的立场，帮助学生在处理国家利益与人类共同利益的关系问题上做出合理的评价与选择。

二、知识结构

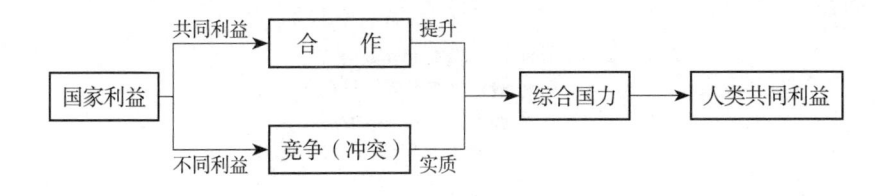

国家利益 —共同利益→ 合作 —提升→ 综合国力 → 人类共同利益
国家利益 —不同利益→ 竞争（冲突） —实质→ 综合国力 → 人类共同利益

三、教学重难点

国际关系中的合作与竞争。

四、教学过程

教学板块一：

S：今天我们来共同关注一下全球性的气候问题。众所周知，近百年地球气候正经历一次以全球变暖为主要特征的显著变化。那么，地球日益变暖会有怎样的后果呢？英国科学家马克·林纳斯（2007）在《六度的变化：一个越来越热星球的未来》中详细描述了地球变暖有可能带来的极端后果。

地球为什么会变暖呢？政府间气候变化专门委员会（IPCC）评估报告指出，地球变暖90%以上可能性是由包括发电、毁林、交通、农业和工业等人类活动导致的大气温室气体浓度增加所致。如果不及时减少温室气体排放，气候变化的灾难性影响将不可逆转。为了有效遏制温室气体排放，国际社会相继于1992年出台了《联合国气候变化框架公约》，1997年出台了《京都议定书》，2007年出台了《巴厘路线图》，2009年12月，哥本哈根气候变化大会召开，云集了全球192个国家和地区与会，共同商讨应对地球变暖问题。这次大会，对各个国家作出了明确具体的减排要求，面对这一减排指标，各国之间开展了一场"减排大战"。（介绍"减排战争"，课前分发学生相关材料）

有媒体评论：各国之间开展的"减排大战"，其实是一场夺权大战。

Q："减排战争"中，各国（集团）竞相争夺的分别是一种怎样的权利？（学生讨论回答）

减排战争 { 美国：巩固世界霸权
欧盟：争夺世界主导权
发展中国家：争取发展权
小岛国家：力争生存权（板书）

Q：减排战争中，各国竞相夺权背后的共同目的是什么？
A：为了捍卫（维护）自身的国家利益。

S：国与国之间之所以会互不相让，从本质上看，国家利益是决定因素。（板书）

Q：为了维护各自的利益，减排大战中国与国之间呈现出了怎样的关系？

A：竞争、冲突、斗争、较量……

S：对，竞争（冲突）是当代国际关系的基本形式之一。（板书）

Q：在"减排大战"中，哪些国家处于强势地位，哪些国家处于弱势地位？

S：美国、欧盟处于强势地位，发展中国家、小岛国家处于弱势地位。

Q：减排战争中，国与国之间处于不同地位的原因有哪些？（学生讨论）

A：（经济、科技、军事……）综合国力的强与弱决定的。

S：当前国际竞争的实质就是以经济和科技实力为基础的综合国力的较量，且这种竞争日趋激烈。（板书）

教学板块二：

在气候问题上，如果各国一直这样激烈地为各自利益竞争，互不让步，互相推诿，甚至互相指责，全球性的气候问题能够得到解决吗？人类的明天能够美好吗？（回答略）

Q：为了更好地解决全球气候变暖问题，各国应该反思并做些什么？

（学生分发达国家和发展中国家两组讨论回答）

S：对，各国之间既存在不同的利益，也存在着共同的利益。为了人类的共同利益，各国之间应该选择携手合作，这也是当代国际关系的另一种基本形式。（板书）

S：为了有效解决全球性的气候问题，继哥本哈根会议之后，国际社会陆续召开了墨西哥坎昆会议、南非德班会议，2012年年底还将召开卡塔尔会议（PPT17），各国达成共识，在气候问题上要坚持"共同但有区别的责任"。在南非德班会议上，中国政府积极表态，获得了国际社会的好评（PPT18）。不仅是在气候问题上，在众多的国际政治、经济问题上，我国一直都在致力于积极促进国际合作。课前，我们同学收集了一些这方面的资料，现在，我们就来欣赏一组由我们同学收集整理的我国积极促进国际合作的成果（多媒体播放）。

与中国一样，当今世界各国都以积极的姿态融入国际合作，加强国际合作已成为当今时代的主流。因为各国深知：在经济全球化的今天，仅靠一己之力，势必孤

第四章　站岗：跋涉升阶　　139

掌难鸣；唯有携手合作，才能有效应对众多问题，才能实现共存共赢，才能不断提升自身的综合国力。（板书）

教学板块三：

除了气候问题，世界上还有许多其他有待解决的全球性的问题，课前我们请同学收集整理了一些，现在就请同学们说说你所关心的全球性的问题。

Q：你还知道哪些全球性的问题？

A：略（诸如维护世界和平、控制人口增长、缩小南北差距……）

Q：如何才能更有效地解决这些问题？请说明你的理由。

A：略

S：对，在竞争中合作，既竞争又合作，是当今经济全球化条件下国际关系发展的一个突出特点。加强国际合作已成为当今时代的主流。人类只有一个地球，全球性的问题需要各国共同解决，全球性的挑战需要各国合作应对。解决全球性的问题都需要各国在竞争中合作，既竞争又合作，只有这样，才能在维护国家利益的基础上站在更高层次上去实现人类的共同利益。（板书）

正如费孝通先生所言：各美其美，美人之美，美美与共，天下大同。——这正是我们希冀和期待的国际关系。（人们要懂得各自欣赏自己创造的美，还要包容地欣赏别人创造的美，这样将各自之美和别人之美拼合在一起，就会实现理想中的大同美。）

教学板块四：（备用）

读史使人明智：郑国渠的故事

拓展延伸：郑国渠的故事对当代国际关系有着怎样的启示？

五、教学设计思路

教学环节	教学内容和活动（问题设计）		学生能力目标指向
1.减排战争	竞　争	PPT展示：减排战争 Q1："减排战争"中，各国竞相争夺	回忆、判断、归纳 分析、概括、提炼

（续表）

教学环节	教学内容和活动（问题设计）		学生能力目标指向
1.减排战争	竞　争	（维护）的分别是一种怎样的权利？ Q2：减排战争中，各国竞相维权背后的共同目的是什么？ Q3：你可以用哪些词语来描述减排战争中国与国之间呈现出的关系？ Q4：减排战争中，国与国之间处于不同地位的根本原因是什么？	整合、分析、概括 判断、分析、归纳
	合　作	Q5：为了更好地解决全球气候变暖问题，各国应该反思并做些什么？（学生分组活动） （PPT展示学生收集的我国积极促进国际合作的成果）	判断、分析、应用 收集、整理、运用
2.全球问题	在竞争中合作，既竞争又合作；加强合作已成为当今时代的主流	Q6：你还知道哪些全球性的问题？ Q7：如何才能更有效地解决全球性的问题？请说明你的理由。	判断、概括、整合、运用 概括、因果、分析、运用、评价
3.课堂小结	完善知识结构图		概括、整合、评价
4.拓展延伸	读史使人明智：郑国渠的故事		应用、评价

六、说课简案

1.教学目标

知识和技能：了解基于国家利益的合作与竞争是当代国际关系的特点和表现；理解国家关系变化的决定性因素是国家利益；能够建构国家利益与国际关系，合作与竞争等知识之间的逻辑关系。

过程和方法：在学生原有认知的基础之上，结合教材内容，建立系统的知识逻辑与思维结构，理解当代国际关系中的合作与竞争；通过设问法、例举法等方法，引导学生达成比较、理解、分析、综合、应用、评价等能力梯度；通过教学，激发学生对相关知识问题作进一步探究的兴趣。

情感态度价值观：在国际关系问题上确立正确的立场，帮助学生在处理国家利益与人类共同利益的关系问题上做出正确合理的评判。

2. *知识结构*

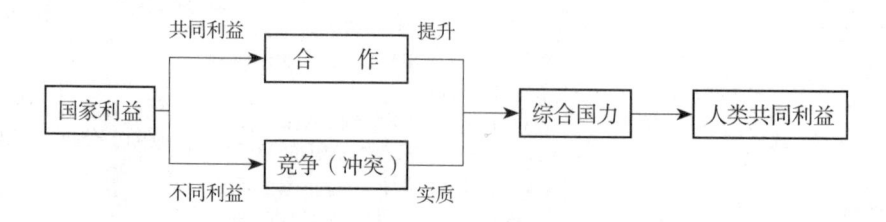

```
                   共同利益      提升
         ┌──────→ 合 作 ──────┐
国家利益 ─┤                    ├──→ 综合国力 ──→ 人类共同利益
         └──────→ 竞争（冲突）─┘
                   不同利益      实质
```

3. *教学重难点：*
国际关系中的合作与竞争

4. *教学过程*

教学板块一：

以全球性的气候问题"减排战争"为背景，设计七个相关的问题链。通过问题引导学生的思维，并在此基础上拓展学生思维深度。从而让学生能够了解基于国家利益的合作与竞争是当代国际关系的特点和表现，能够建构国家利益与国际关系，合作与竞争等知识之间的逻辑关系。

教学板块二：

以学生收集整理的其他全球性的问题材料为载体，设计相关的问题和活动。通过活动和问题的设计，让学生参与知识学习的过程，体会思维的快乐。学生在教学过程中能够逐步达成回忆、判断、分析、评价、运用等能力梯度。从而让学生明白在竞争中合作，既竞争又合作——当今国际关系发展的突出特点；加强合作已成为当今时代的主流。

教学板块三：

师生共同完善知识结构图，进一步落实本课知识点。在此基础上进行拓展延伸——以《郑国渠的故事》为契机，引发学生对当今国际关系的走向作出深层次的思考，帮助学生在处理国家利益与人类共同利益的关系问题上做出合理的评价与选择。

七、教学后记

　　课堂教学的价值在于课堂教学目标的实现。教学目标是教学的出发点和归宿地，如同指挥棒一样支配着教学的全过程并影响着整堂课的收益，只有确立了明确的教学目标，才能保证教学活动的有效开展。所以从最初备课开始，我就全力以赴于教学目标的制定与修订。

　　下面就是围绕本节课的教学目标，选择"减排问题"这一教学资源，有针对地设计的系列问题链：Q1："减排战争"中，各国（各集团）竞相争夺的分别是一种怎样的权利？ Q2：减排战争中，各国竞相维权的目的何在？ Q3：你可以用哪些词语来描述减排战争中国与国之间的关系？ Q4：减排战争中，国与国之间处于不同地位的根本原因是什么？ Q5：为了人类共同美好的明天，各国应该反思些什么？通过五个逻辑关系密切的问题设计形成"问题链"，引导学生的思维，并在此基础上拓展学生思维深度，让学生能够了解基于国家利益的合作与竞争是当代国际关系的特点和表现，能够建构国家利益与国际关系，合作与竞争等知识之间的逻辑关系。这五个问题，层层深入、环环相扣，直指教学目标的实现。之后在此基础上上升到全球问题的高度，再设计两个问题，Q6：你还知道哪些全球性的问题？ Q7：如何才能更有效地解决全球性的问题？通过这两个问题的解决，帮助学生升华情感态度价值观，在处理国家利益与人类共同利益的关系问题上做出合理的评价与正确的选择。

　　这节课带给我的最大启示是：教学设计的所有问题都必须紧密围绕教学目标，为教学目标服务的教学才是有效教学。这节课从教学设计之初就将教学目标聚焦于提高学生的思辨能力、培养学生的高阶思维。从教学设计的一系列"问题链"的落实来看，所有的设问都能够始终围绕教学目标的贯彻落实，关注学生思维过程中回忆、分析、运用、判断、预测等学习能力的梯度提升，关注学生思维品质的培养。通过一个个活动和问题的设计，让学生参与学习的过程，体会思维的快乐。

　　同时，在教学过程中教师应学会适时调整教学目标。备课时的预设之全与上课中的生成之美往往会存在着一定的差异，所以，实际教学过程中，有经验的教师会密切关注课堂与学生的变化情况，在教学过程中适时地不断修改教学目标、调整教学进程、完善教学计划。做到因地制宜、因时而动、因材施教，方显教师的功底、智慧与胆略，而这种能够解决真实问题的课堂学习，才是有意义有价值的学习，才能真正让学生获得收益。

《凯恩斯革命》教学设计

（2010年10月　天津"十三省市重点中学有效教学聚焦课堂"展示课）

教学目标：

　　1. 知识与能力目标：通过学习了解凯恩斯革命的内容、影响和实质，培养学生理解、分析问题的能力；通过了解不同的历史环境导致的不同的学术观点的变迁，培养学生的比较、鉴别能力，树立发展的观点；学习运用有关知识分析我国现实问题，培养学生理论联系实际的能力。

　　2. 过程与方法目标：综合运用自主探究法、合作探究法、小组讨论法等，激发学生对相关知识问题作深层次探究的兴趣，引导学生达成理解、分析、综合、评价等能力梯度的高阶思维。

　　3. 情感、态度价值观目标：通过学习了解凯恩斯革命，引导学生以科学的态度对待西方经济学；使学生进一步认识到，由于各国的国情不同，各国的市场经济模式具有各自的特色。我们应吸收各国经济体制优点，并结合我们的国情加以利用，以培养学生的世界眼光和开放意识。

教学重难点：

　　凯恩斯政策主张的作用、影响及实质。

教学过程

　　导入新课：

　　同学们，前面我们学习了解了1929—1933年爆发的资本主义的经济危机。按照马克思的经济危机理论，哪位同学能够说说资本主义经济危机爆发的根源是什么？

（生回答略）

讲授新课：

对，经济危机是资本主义制度的必然产物，它的深刻根源就在于资本主义的基本矛盾，即生产资料私有与社会化大生产之间的矛盾，这是马克思经济危机理论的主要内容。在资本主义经济危机根源的认识上，各国不同的经济学家有着不同的观点，其中，在20世纪30年代，英国有个叫凯恩斯的经济学家，他对资本主义经济危机的原因提出了与以往经济学家不同的观点与主张，史称"凯恩斯革命"。（板书）那么，凯恩斯认为是什么原因导致了经济危机的爆发呢？请同学们阅读课本P46内容后回答。

一、内容（板书）

同学们回答得很好，凯恩斯认为是边际消费倾向递减、资本边际效率递减和流动偏好三大心理规律最终导致了经济危机的爆发。那么，这三大心理规律分别指的是人的哪种需求呈现出递减趋势呢？课前要求同学们做了相关预习工作，现在请同学们阅读P46的三个案例，讨论交流，找出关键的有效信息，完成黑板上的任务（填空）。

边际消费倾向递减规律指的是人的消费需求。凯恩斯认为，人们的边际消费倾向是递减的。虽然消费随着收入一起增加，但消费总比收入增加得慢，这表明人们不爱花钱，企业生产的东西难以卖出，会导致消费需求不足。

资本边际效率递减规律指的是资本家的投资需求。凯恩斯认为，在现实生活中资本边际效率是递减的。由于资本家信心不足，会导致投资需求不足，企业减产、停产、破产。

流动偏好规律指的是货币需求。凯恩斯认为出于交易动机（如购物方便）、谨慎动机（如为应付疾病、车祸等）和投机动机（如抓住机会购买债券）的需要，人们愿意手持现金，使用灵活方便。

消费需求不足使得储蓄增加，投资需求不足又不能吸收储蓄转化为投资，结果造成了整个社会的有效需求不足。凯恩斯认为：需求才是重要的，现实中，由于有效需求不足导致了生产过剩的危机。

讨论一：凯恩斯认为经济危机的爆发是由心理因素导致的有效需求不足造成的，这种观点正确吗？

凯恩斯用心理原因解释资本主义经济的波动是错误的。按照马克思经济危机理论，资本主义经济波动的原因只能来自资本主义社会固有的基本矛盾，心理因素绝不是根本原因。他的观点掩盖了资本主义经济危机的根源。

讨论二：既然有效需求不足导致经济危机、工人失业，凯恩斯主张采取怎样的政策？

（学生阅读课本P47内容后回答）

凯恩斯的政策主张：主张采取赤字财政政策。（板书）主张政府积极干预经济生活，主要是通过扩张的财政政策对经济生活进行积极的干预和调节。

提问：赤字财政政策有哪些表现？

通过扩大财政支出来增加投资，刺激消费，扩大需求。

提问：凯恩斯的赤字财政政策最终是要实现什么目的？

克服经济危机。

讨论三：为什么扩张的财政政策能使资本主义克服经济危机呢？

（生讨论，师点拨）

师生共同归纳：扩张的财政政策发挥作用示意图：（板书）

政府投资 ⇨ 扩大就业 ⇨ 刺激消费 ⇨ 扩大需求 { 投资需求 / 消费需求 } ⇨ 走出危机

政府可以通过建设桥梁、水库、公路等公共项目，雇用失业人员。这批人就业后用领取的工资购买食品、服装等货物，从而刺激了对这些货物的需求，生产这些货物的厂家又会雇用更多的人。这些就业人员又刺激了另一轮的需求，增加了另一些人的就业，从而形成经济发展的良性循环，走出危机。

凯恩斯的这一政策主张的问世，在西方国家引起了极大的震撼，它犹如救命稻草一般，在大危机之后得到迅速发展与传播，很快为西方国家所接受。

讨论四：为什么凯恩斯的政策主张很快会被西方国家认可？（生讨论回答略）

二、影响（板书）

1. 对各国政策的影响
2. 对经济学发展的影响

师归纳：其政策主张在一定范围内、一定程度上对缓和与摆脱经济危机具有积极作用，为当时的西方国家提供了一条比较现实可行的途径，成为西方国家制定经济政策的重要理论依据。凯恩斯经济理论体系的出现使西方经济学发生了极大的变化，导致了宏观经济学的产生。这也正是"凯恩斯革命"的主要影响所在。

讨论五：我们应该如何客观评价凯恩斯的理论和政策主张？

（换言之，凯恩斯的理论和政策主张的实质是怎样的呢？请同学们带着问题边思考边阅读P48最后一段）（生回答略）

对理论的评价：凯恩斯的经济学是国家垄断资本主义发展的必然产物。他从人的"心理规律"出发寻找危机爆发的原因，掩盖了经济危机、失业与资本主义制度之间的联系，目的在于维护资本主义制度。

对其政策主张的评价：在一定程度上缓和了资本主义社会经济发展中的矛盾和问题，在一定时期、一定范围内促进了资本主义经济的发展（积极性），但不可能从根本上消除资本主义经济发展中的各种矛盾，其作用是有限的（局限性）。

探究：今天我们学习凯恩斯的政策主张，对我国社会主义市场经济的建设有什么借鉴意义？

（学生讨论回答，教师小结）

我们应吸收各国经济政策的优点，并结合我们的国情加以利用。当社会总需求小于社会总供给时，我们也可以采取积极的财政政策来实现经济发展的良性循环。例如2008年年底的金融危机爆发后，为了刺激经济发展、扩大内需，我国一直都在实行积极的财政政策和适度宽松的货币政策。总之，我国应加强政府对经济的宏观调控，努力采取各项措施拉动内需，减弱生产与消费的矛盾，则可以有效地避免经济危机。

（备用）P47探究：西方经济学家为什么推崇凯恩斯？

1. 他的理论恰好满足了20世纪30年代西方国家政策上的需要，因而很快被接受。

2. 他对当时资本主义经济状况作出了一定程度、比较正确的分析，能够比当时居于主流地位的新古典经济学更为清醒地正视大萧条的现实和资本主义经济体系的矛盾。他的政策主张至少为当时的资本主义经济摆脱危机提供了一条比较现实的、可行的途径。

3. 他的理论促成了宏观经济学的产生。

提问：他的理论有什么独到之处？

强调经济的宏观方面；强调心理因素的作用；在特定情况下对经济需求方面给予充分强调。

课后点评：

吴老师的《凯恩斯革命》教学，引导学生以科学的态度辩证看待西方经济学；帮助学生深刻认识到我们应吸收各国经济体制优点，并做到理论联系实际，结合我们的国情正确加以利用，以培养学生的世界眼光和开放意识。本课教学真正体现了"胸中有书、眼中有人"，实现了"一支粉笔、一块黑板、构建一个高效课堂"的效果。教师知识功底扎实，教学追求简洁贯通、知识脉络十分清晰；教学风格朴实无华、板书清晰、启发学生思维到位；注重培养学生的能力，不断地提出问题、探讨问题、解决问题；上课有激情，既有教学的智慧，又有教学的灵气。

（天津市教研室）

《唯物辩证法的发展观》教学设计

(2015年12月厦门市级公开课)

一、教学目标

知识与技能：复习唯物辩证法发展观的核心知识及基本原理，学会在高考背景下运用唯物辩证法发展观的相关知识分析解读国家的重大政策及时政热点。

过程与方法：以近三年来的高考背景作为切入口，通过教师复习提问、学生合作学习共同构建专题知识网络，通过重难点的突破、误区警示来厘清重要知识（体现一轮复习的知识要求）；借助时政热点、设计情境化的试题，利用思维导图来开展学生的自主学习、合作学习，在此过程中由易到难、逐步提高学生运用知识原理分析解读社会现象及解决问题的能力（体现一轮复习的能力要求）。注重收集最新的时政资料，采用开放互动与合作探究的教学方式，培养学生对学科知识的理解、整合、运用与迁移能力。

情感、态度与价值观：培养学生关心国家重大政策、关注时政热点的意识，认同唯物辩证法发展观的重要性，加深对唯物辩证法发展观的认同感。

二、教学重难点

1. 厘清容易混淆的知识点。

2. 运用唯物辩证法发展观的相关知识分析解读国家的重大政策、时政热点及解决相关问题。

三、教学过程

教学环节1：高考背景（着重说明"唯物辩证法的发展观"这一知识内容在高考中的地位）

教学环节2：知识网络（根据问题，学生合作学习、讨论回忆、构建专题知识网络）

Q：唯物辩证法的核心知识有哪些？请你构建本专题的知识网络。

教学环节3：重要原理（PPT示例归纳）

1. 发展的普遍性原理及其方法论要求。
2. 前进性和曲折性相统一原理及其方法论要求（发展的途径）。
3. 量变和质变的辩证关系原理及其方法论要求（发展的状态）。

教学环节4：重难点突破（知识辨析及误区警示）

1. 联系、运动、变化、发展之间的关系。
2. 全面把握量变与质变的关系。
3. 误区警示

（1）一切事物都处在普遍发展中。

（2）任何运动变化都是发展。

（3）新事物就是新出现的事物。

（4）新事物不可战胜是因为旧事物总是比较弱小，处于被支配地位。

（5）事物发展的总趋势是前进的，这意味着事物发展的各个具体阶段的方向是前进的，每一步的发展方向是前进的。

（6）量变一定会引起质变。

（7）质变就是发展。

（8）事物的发展最终是通过质变实现的，所以质变比量变更重要。

教学环节5：热点追踪（利用思维导图解读时政热点材料）

1. 材料："青蒿素是传统中医药送给世界人民的礼物，由此获奖是中国科学事业、中医中药走向世界的荣誉。"这是2015年获诺贝尔生理学或医学奖的中国女药学家屠呦呦的获奖感言。

20世纪60年代末，疟疾患者持续增加。屠呦呦团队与中国其他机构合作，将目光转向了传统中草药学，发现了植物青蒿中的提取物有疗效。历经380多次实验，青蒿提取物对疟疾的抑制率只有12%—40%。她重新翻查古代文献，东晋葛洪《肘后备急方》中"青蒿一握，以水二升渍，绞取汁，尽服之"，吸引了她的目光，很有可能在高温的情况下，青蒿的有效成分就被破坏掉了。她立即改用沸点较低的乙醚进行实验，经过艰苦卓绝的努力，从12%到100%，终于发现青蒿素，全球数亿人因这种"中国神药"而受益。

青蒿素的发现过程是如何体现唯物辩证法发展观的？

思维导图（解题路径）：

信息：	原理：	1.中国共产党带领中国人民建立新中国，开创中国特色社会主义，体现了世界是永恒发展的，发展的实质是新事物代替旧事物。
1. 青蒿素是传统中医药送给世界人民的礼物，由此获奖是中国科学事业、中医中药走向世界的荣誉。	1. 世界是永恒发展的，发展的实质是新事物代替旧事物。	2. 中国共产党带领人民创造了令世人惊叹的中国奇迹，体现了事物的发展总是由量变到质变的过程，是量变与质变的统一。
2. 历经380多次实验、从12%到100%，终于发现了青蒿素。	2. 事物的发展总是由量变到质变的过程，是量变与质变的统一。	3."中国梦"在一代代中华儿女的艰辛探索中正逐步变为现实，体现了事物发展的前途是光明的，道路是曲折的。
3. 经过艰苦卓绝的努力，终于发现了青蒿素，全球数亿人因这种"中国神药"而受益。	3. 事物发展的前途是光明的，道路是曲折的。	

2. 2015年11月2日，C919国产大型客机首架机总装下线。在研制掌握大飞机的相关技术过程中，发动机是需要跨越的门槛。长期有着"心脏"之称的国产发动机工业，曾经是我国飞机制造业面临的一道屏障。C919国产大型客机从2008年开始，经过7年的努力研发，突破了此屏障，迎来了首架机正式下线。这不仅标志着C919首架机的机体大部段对接和机载系统安装工作正式完成，已经达到可进行地面试验的状态，更标志着C919大型客机项目工程发展阶段研制取得了阶段性成果，为下一步首飞奠定了坚实基础。

（1）运用唯物辩证法的发展观分析C919国产大型客机的研制过程。

（2）有网友说"国产大飞机整装下线是万里长征走完了第一步"，请你从激励我国民族工业发展的角度写一句标语。

教学环节6：课堂达标（即时训练）与课后提升

1.（2014·山东卷）假如"完美"是100分，那么60分不完美，80分也不完美，但不要因为80分不是100分而否认从60分进步到80分的意义。这启示我们要（   ）

A. 坚持两点论与重点论的统一　　　　B. 脚踏实地，注重量的积累
C. 抓住事物发展中的主要矛盾　　　　D. 抓住时机，积极促成质变

2. 伦敦奥运会上，林丹遭遇了近乎无法渡过的难关，似乎胜利的天平已经倒向对手。但他一点点把劣势扳平，又逐步确立优势，最终把优势化为胜利，成功卫冕，为国争光。林丹的赛场经历给我们的哲学启示有（   ）

（1）要经历逆境才能不断走向成功。

（2）要认识到事物发展是前进性和曲折性的统一。

（3）要坚信事物发展的前途是光明的。

（4）要不断追求更高的思想道德目标。

A.（1）（3）　　B.（1）（4）　　C.（2）（3）　　D.（2）（4）

3. 伴随着云计算技术的高速发展，云计算的应用领域日趋广泛，"云+端"的商业形态以及云时代下崭新商业模式的创建和运营，备受社会各界关注。但当前中国云计算尚处于发展初期，在生态链的建设、商业模式的探索方面仍然滞后，特别是IT管理者由于安全问题不愿意把业务迁移到云端。他们认为黑客会在网络的某个地方攻击他们云端业务的供应商，进而窃取企业核心数据。云计算供应商正积极应对这些新挑战。

上述材料体现了唯物辩证法的什么道理？

4. 实现中华民族的伟大复兴，是中华民族近代以来最伟大的"中国梦"。

中国共产党自诞生之日，就肩负起实现民族独立和人民解放的历史任务。新中国成立之后，她带领人民迈上了艰辛探索社会主义道路的新征程。改革开放以来，她又带领人民开创了中国特色社会主义新局面，最终找到了由中国共产党带领人民寻求民族解放、实现民族富强的道路。

进入21世纪，中共中央提出了伟大中国"三部曲"：第一部曲，到中国共产党成

立100年时全面建成小康社会;第二部曲,到新中国成立100周年时全面实现中国特色社会主义现代化;第三部曲,在整个21世纪一步步实现中华民族的伟大复兴。

中国共产党推进"中国梦"的奋斗历程是如何体现唯物辩证法发展观的?

《新型工业化道路》教学设计

(2012年9月　静安区区级公开课)

一、教学目标

知识与能力目标：知道新型工业化道路的特征，了解新型工业化道路是中国经济发展的正确选择。

过程与方法目标：通过阅读、概括材料培养学生观察生活、提取处理信息的能力；通过课堂思辨与活动培养学生分析问题、解决问题的能力。

情感态度价值观目标：认同新型工业化道路，提高"知"与"行"的契合度；认识新型工业化道路的紧迫性以及它与我们生活的密切关系，增强责任感、使命感，努力培养创新精神。

二、教学过程

新课导入：

Q：周末回家同学们一般会选择哪些交通工具？

A：略

Q：众多同学不约而同地选择了"地铁"出行，这是为什么呢？同学们能不能说说其中的缘由？

A：略

正是因为这诸多的原因，地铁已成为现代社会大众出行的首选。说到地铁的优点，同学们肯定饶有兴趣，老师也收集了一些资料，现在我们共同关注一下。

新课展开：

体验探究一：新型工业化道路之内涵 ➡ 坚持科教兴国战略

材料1：《地铁的优点》（印发材料，学生分三组，一组完成一段任务）

地铁与城市中其他交通工具相比，有着众多优点：一是速度快。地铁在地下隧道内风驰电掣地行驶，时速可超过100公里；二是无污染。地铁列车以电力作为动力，没有尾气的排放，不存在空气污染问题；三是消耗低。既节省土地（可以节省地面地皮作其他用途）又节约能源（取代了许多开车所消耗的能源）；四是运量大。地铁的运输能力要比地面公共汽车大7—10倍，现在上海地铁日均客流正向600万挺进，最低票价3元，长路程最高9元。

目前，系统集成技术支撑着城市轨道交通体系的运营与管理。构建系统集成平台已成为中国城市轨道交通自动化的发展方向，是实现轨道交通数字化、智能化、信息化的重要举措。

地铁的运营调度服务系统，由车站服务人员、驾驶人员、车站的调度人员以及中央调度人员组成，他们除了使用基本保障通信系统外，主要使用一套自动列车监控系统来控制轨道交通的运营。

问题一：关于地铁的优点，从三段材料中同学们可以提炼出哪些关键词？

学生分三组讨论回答略。教师在黑板上板书学生提到的关键词（第一竖列）

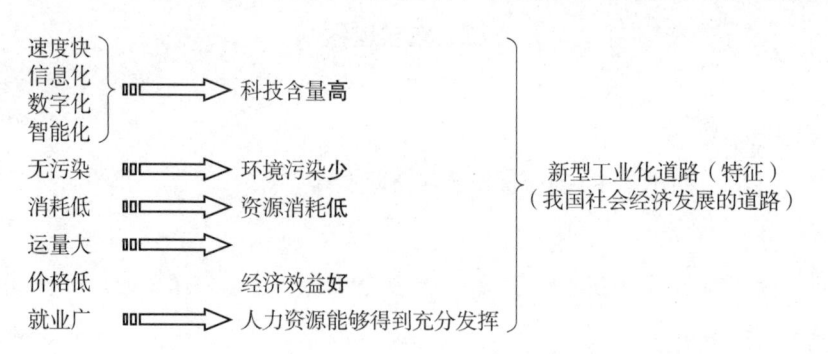

关键词		特征	
速度快 信息化 数字化 智能化	➡	科技含量高	
无污染	➡	环境污染少	新型工业化道路（特征） （我国社会经济发展的道路）
消耗低	➡	资源消耗低	
运量大	➡		
价格低		经济效益好	
就业广	➡	人力资源能够得到充分发挥	

问题二：新型工业化道路的五个特征中，你认为哪个最为关键？为什么？

学生阅读课本后讨论回答略（第一问要求回答出"科技含量高"；第二问要求联系P27已学知识回答出"科技是第一生产力"。）

活动一：你能用简单的示意图标识出这几个特征之间的相互关系吗？
（请学生上台板书，其他同学讨论交流）

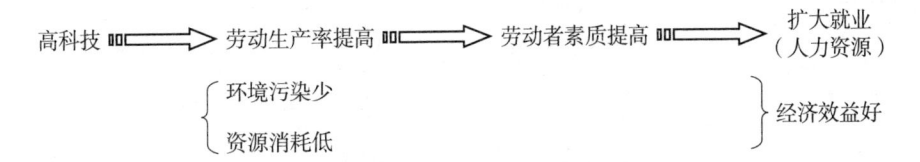

高科技 ⇒ 劳动生产率提高 ⇒ 劳动者素质提高 ⇒ 扩大就业（人力资源）

{ 环境污染少　资源消耗低 } 　　　　　　　　　} 经济效益好

教师小结：可见，科技至关重要。走新型工业化道路，必须充分发挥科技第一生产力的重要作用，必须大力实施科教兴国战略。这是走新型工业化道路的可靠根基和巨大支撑。从2002年党的十六大提出新型工业化道路这个概念（PPT），我们依靠科教兴国战略，走出了一条具有中国特色的工业化道路，取得了举世瞩目的辉煌成就。（PPT展示我国新型工业化成就，配背景音乐）

体验探究二：新型工业化道路之现状 ⇒ "绿色"新型工业化

刚才我们一同回顾了十六大以来的成就，见证了新型工业化道路的伟大。经过不断的探索，今天我们又找到了一条新型工业化道路新途径——发展低碳经济。（PPT展示：十七大报告提出"建设生态文明，基本形成节约能源资源和保护生态环境的产业结构、增长方式、消费模式"，就是要最大程度走低排低碳的新型工业化路子。）

问题三：提及"低碳"一词，同学们知道我们上海能够彰显"低碳"理念的最佳实践案例是什么吗？

A：上海世博会（引导得出答案）

材料2：《低碳世博》（PPT展示或印发材料）

以低能耗、低污染、低排放为基本特征的"低碳"理念贯穿于整个上海世博会。如世博会的照明全面采用半导体照明（LED），既不减少亮度又节省能源90%；许多场馆采用太阳能，运行车辆多是新能源车辆。中国国家馆形如"东方之冠"，做到了自遮阳体系调节室温，照明用电全部自给，雨水循环利用。英国馆的"种子圣殿"展示了英国在全球自然资源保护上所起的领先作用……"低碳世博"将由此推动上海乃至中国低碳经济的发展，是对新型工业化道路的生动"诠释"，走出了一条"绿色"的新型工业化道路。

问题四：世博会后小明家里进行装修，想买一批电灯，市场上有几种选择，你会建议他买哪一种？请说明你的理由。

名　　称	普通电灯	节能灯	LED灯
价格	1元—1.5元	10元—15元	25元—35元
电表对照	飞速转动	快速转动	基本不动
平均使用寿命	1 000小时	6 000小时	5万小时
5万小时总费用	2 250元	1 107元	171.1元

（学生回答略）

A：最佳选择：购买LED灯。因为LED灯虽然单价最高，但是平均使用寿命长，耗电最少。长期使用费用极低，符合"低碳"理念的要求。

问题五：为什么说"低碳世博"是对新型工业化道路的生动诠释？

（学生讨论略）

A：因为它融入了"低碳"理念，以低能耗、低污染、低排放为基本特征，是新型工业化道路在新时期的新发展。

问题六：有这样的"绿色"新型工业化道路保驾护航，我国的社会经济就可以又好又快地发展了吗？

（请学生带着问题阅读材料）

材料3：（PPT展示）

我国纺织服装出口占全球纺织服装贸易总额的24%，但自主品牌不足1%，且没有一个世界名牌；我国彩电、手机、计算机、DVD播放机等产品的产量居世界第一，但关键芯片依赖进口。我国企业不得不将每部手机售价的20%、计算机售价的30%支付给国外专利持有者。

Q：材料反映了我国社会经济发展中的什么问题？

A：自主创新能力低。

Q：怎么办？

A：努力提高自主创新能力，建设创新型国家。

体验探究三：新型工业化道路之未来 ⇒ 坚持自主创新之路

（PPT展示书本P30胡锦涛语：提高自主创新能力，建设创新型国家。这是国家发展战略的核心，是提高综合国力的关键。）走好新型工业化道路，除了坚持科教兴国战略，还要紧紧依靠自主创新，坚持走中国特色的自主创新之路。

（PPT展示国家"十二五"规划："全面落实国家中长期科技、教育、人才规划纲要，大力提高科技创新能力，加快教育改革发展，发挥人才资源优势，推进创新型国家建设。"）可见，实施科教兴国战略和人才强国战略，坚持走自主创新之路，定能实现国民经济又好又快地发展。

活动二：说到"创新"，可能会有同学觉得它有点遥远、有点神秘，其实它并不神秘、并不遥远。今天老师带了一道数学题和一份奖品来，同学们有没有兴趣拿到这份"大奖"？（出示一张A4纸，写有一个大大的数学等式：8+8□91）谁能在最短的时间内使这个等式成立，奖品就是他的了。（A：把纸倒过来）通过这个小游戏，同学们是不是发现创新其实并不神秘和遥远。

问题七：科技与社会的发展，离不开创新；走新型工业化道路，建设创新型的国家，我们责无旁贷。那么，在科技飞速发展的今天，我们青年学生应该怎样培养创新精神？（学生交流讨论）

A：努力学好知识；善于观察和思考；勇于质疑、敢为人先；积极参加科技小发明、小制作等活动；树立终身学习的观念，主动学习、持续学习……

教师课堂小结略。

《寻求真知的过程》教学设计

(2015年10月　静安区区级公开课)

一、教学目标

知识与技能：理解为什么只有通过实践才能获得认识，寻求真知是一个复杂的过程，领悟实践的观点是辩证唯物主义认识论首要的基本的观点。

过程与方法：通过课前预习与收集相关资料、组织学生以小组的形式进行课堂讨论和探究性的学习活动，了解知识的生成过程，逐步掌握自主学习、探究学习的方法；培养其对于资料的收集、鉴别和处理能力，培养学生的科学抽象能力、辩证思维能力。

情感、态度与价值观：初步树立实践第一的观点，认同实践与认识的辩证关系，认同寻求真知是"实践、认识、再实践、再认识"循环往复以致无穷不断发展的过程。培养尊重实践、勇于实践的精神。

二、教学准备

教师：制作多媒体课件、寻找并甄别相关资料。
学生：课前预习、分组收集资料。

三、教学重点

实践决定认识（实践是认识的基础）

四、教学难点

寻求真知是一个"实践、认识、再实践、再认识"的复杂过程。

五、板书设计

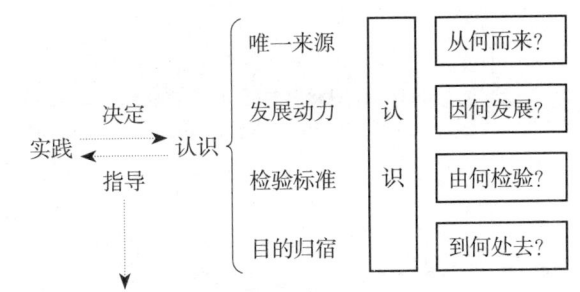

```
                        ┌ 唯一来源 ┐      ┌ 从何而来？┐
              决定      │ 发展动力 │ 认   │ 因何发展？│
        实践 ⇄ 认识  ┤           ├ 识  ┤           │
              指导      │ 检验标准 │      │ 由何检验？│
                        └ 目的归宿 ┘      └ 到何处去？┘
                              │
                              ▼
        坚持"实践第一"的观点（辩证唯物主义认识论首要的基本观点）
                              │
                              ▼
        寻求真知是"实践、认识、再实践、再认识"循环往复以致无穷不断发展的过程。
```

六、教学过程

教学环节 （知识内容）	教学活动 （问题设计）	学生能力目标指向 （布卢姆教育目标分类）
1.实践与认识的关系	实践是认识的唯一来源	课前播放iPhone5s官方新闻发布会视频〔师生收集并探究：iPhone的进化历程及相关资料〕 Q1：你还知道iPhone的哪些功能？你是如何知道的？这给了我们怎样的哲学启示？ Q2：来源于实践的感性认识与理性认识的辩证关系是怎样的？	判断、概括、提炼 回忆、判断、比较、归纳、整合
	实践是认识发展的动力	Q3：你最向往巴掌大的iPhone接下来还能开发哪些新功能，不断给你更新惊喜？ Q4：能够促使iPhone不断研发新功能的动力是什么？	假设、分析、归纳

（续表）

教学环节 （知识内容）		教学活动 （问题设计）	学生能力目标指向 （布卢姆教育目标分类）
1. 实践与认识的关系	实践是检验真理的唯一标准	Q5：第一代iPhone"没有键盘""不能更换电池"是愚蠢吗？嘲笑者的错误最后被什么验证了？ Q6：从哲学上看，这又说明了什么？	分析、概括、提炼
	实践是认识的目的和归宿	Q7：你最认同乔布斯的哪一句话？它给了你怎样的人生启迪？ Q8：悟出道理、获得启迪是我们的最终目的吗？如果不是，那么我们应该怎样做？	判断、概括、分析、评价、运用
2. 寻求真知的复杂过程		Q9：美国人信奉胜利女神的一句话："你只管去做"；中国古代的智者却强调"谋定而后动"。 你同意他们的观点吗？请说明理由。	分析、综合、归纳、概括、因果、运用、评价
3. 知识小结		完善知识结构图	概括、整合
4. 课后讨论或小测试		请用本课所学知识评析	应用、评价

《全国人大是最高国家权力机关》教学设计

(2012年11月 静安区区级公开课)

一、教学目标

知识与技能：
构建我国政权机关关系示意图。了解全国人大是最高国家权力机关，理解全国人大的四个主要职权。

过程与方法：
1. 通过图示关系来建构关系、说明全国人大的重要地位。
2. 通过案例分析、设疑来帮助学生理解全国人大的四个职权，进一步验证全国人大的最高国家权力机关的地位。
3. 通过介绍人大制度变化发展的相关内容，培养学生的思维能力来提升学生的能力。

情感、态度、价值观：
认同全国人大是一个重要的国家政权机关，认同全国人大在我国国家权力机关体系中居于最高地位。认同我国人大以民为本。

教学重难点：
全国人大的职权。

二、教学过程

教学环节一：（建立关系）
Q：同学们知道近期我们上海各个区县正在陆续开展的一项与人大制度密切相

关的活动吗？

　　A：各个区县的人大代表换届选举。

　　Q：人大代表的换届选举是我们政治生活中的一件大事，因为人大代表是代表人民行使权力的。那么，人民行使国家权力的机关是什么？

　　A：全国人民代表大会和地方各级人民代表大会。

　　Q：其他的国家机关（行政、审判、检察机关）和它是什么关系？

　　A：由它产生、对它负责、受它监督、向它报告工作。

　　Q：其实我们刚才已经大致描绘出了一幅我国政权机关的关系示意图。展示（PPT2）

　　（展示PPT4并适当讲解）同学们发现了红色框线与绿色框线交汇处是什么？

　　A：全国人大。

　　Q：这说明不管是从横向还是纵向关系来看，在我国的政权机关体系中，全国人大都占据了极其重要的地位。从性质上来说，它是——中央权力机关。（板书）

　　那么，地位如此重要的全国人大，都做了哪些事情呢？同学们，你们了解吗？谁能说说看。

　　A：略。

　　Q：同学们知道的还不少。老师也收集了一些资料，现在我们一起看一看。

（师生共同解读材料一）这是全国人大在做什么？

　　A：制定与修改法律。

　　Q：它所制定的法律和国务院、地方人大制定的法规有什么不同？

　　A：前者是基本法律，全国适用；后者是部门和地方性的法规，部门和地方适用。

　　Q：这是不是说明全国人大的立法比国务院和地方立法的层次更高、范围更广。

　　A：略。

　　Q：刑法修正案（八）为什么要将醉酒驾车、飙车等行为规定为犯罪？

　　A：因为这些行为严重危害群众利益。

　　Q：全国人大制定的与人民的利益密切相关的法律，同学们，你们知道还有哪些吗？说说看。

A：《反分裂国家法》《中华人民共和国物权法》《食品安全法》《劳动安全法》《人民调解法》……

Q：这些法律的出台说明全国人大制定、修改法律的出发点是什么？

A：是否符合人民的利益和要求。

小结：我们可以用一个词来概括：以民为本。可见，全国人大的立法涉及的内容都是事关国家和人民利益的最重要事情，所以，我们将它的这一权力称为——最高立法权。（板书）

（继续解读材料二）

Q：这是全国人大在做什么？

A：全国人大审查草案和报告。

Q：审查的这些报告涉及哪些方面？（分析材料）

A：规划、计划、预算。

Q：我们来看第十一届全国人民代表大会财政经济委员会对"十二五"规划报告的审查结果是什么？

A：建议批准。

Q：为什么建议批准"十二五"规划？

A：因为它是一个纲领性的文件，涉及的都是我国政治、经济、社会中最重要的问题。

Q：是的，比如说在"十二五"规划中出现了一个与以往不同的提法，同学们注意到了吗？

A：消费、投资、出口。

Q：同学们，你们知道这释放出的是什么信号吗？

A：强调扩大内需的重要性……

Q：是否符合全体人民的根本利益？符合人民利益的报告全国人大就会批准，是否再一次体现了它以民为本的本质？

A：对。

Q：这些事关政治、经济、社会中最重要的问题必须由全国人大审查、批准才能实施，说明了什么？

A：说明只有全国人大才有作最高决定的权力。这就是最高决定权。（板书）

（继续解读材料三）

Q：全国人大在做什么？

A：审议、表决常委会、"一府两院"的工作报告。

Q：国务院为什么要根据代表审议和政协委员讨论提出的意见和建议修改工作报告？

A：略。

Q：这样的修改对谁有益？

A：略。

Q：常委会、"一府两院"的工作报告为什么必须经由全国人大表决？

Q：阅读全国人大表决决议草案最后得票情况图表，你有什么感想？

Q：这是不是说明全国人大可以对常委会、"一府两院"实行有效的……

A：监督。

S：对，正如吴邦国委员长所说——询问和质询是人大对"一府两院"实施监督的法定形式。这是全国人大的又一重要权力——最高监督权。（板书）

（继续解读材料四）

Q：这是全国人大在做什么？

A：选举、决定、任免国家机关领导人。

Q：上海市卢湾区区长的职务是不是也由它任免？为什么？

A：不是，因为他是地方国家机关的领导，应由卢湾区人大任免。

小结：可见，选举、决定、任免最高国家机关领导人和有关组成人员就是全国人大在行使最高任免权。（板书）

小结：全国人大正是通过直接行使最高立法权、最高决定权、最高监督权、最高任免权，来决定国家政治、经济和社会生活中最重要的问题，使之既有名义上的最高地位，也有实质性的最高权力，来代表人民全面、独立、统一地行使国家权力。

可见，其权限在国家机关中具有至高无上性。我们用一句话概括其地位：全国人民代表大会是最高国家权力机关。（板书）

通过学习，我们了解了全国人大有着极其重要的最高权力。但你们知道吗？这些职权的完善是经历了时间与历史的考验的。现在我们来共同关注一下我国人大制度变化发展。（材料《改革开放以来全国人大大事记》）

Q：随着我国人大制度的不断发展，全国人大的职责、功能、地位发生了哪些变化？（提问回答）

A：略

Q：全国人大的职责、功能、地位的不断变化，意味着什么？（讨论）

A：略（要求点出职责的清晰、功能的增强、地位的提高，使全国人大能够更好地为人民服务，体现以民为本的本质。）

总结：随着我国经济、社会的进步，民主政治进程的深化，人大制度的不断完善，全国人大的职责也随之逐步清晰、功能逐步增强、地位逐步提高。职责愈清晰、功能愈增强、地位愈提高，以民为本的本质就愈能够得到体现。

Q：同学们，今天我们学习了全国人大的有关知识。那么，你能用几个关键字或词语来表达你对全国人大的地位和四个主要职权的理解吗？（请讨论）

A：讨论略（没有统一的答案）

（参考答案PPT8："高"——全国人大行使的权力是国家的最高权力，"重"——全国人大决定政治、经济和社会生活中最重要的问题，"民"——全国人大行使的权力是人民意志的体现，是为人民服务。）

附：

材料一：

• 1979年五届全国人大第二次会议通过了刑法和刑事诉讼法；2011年2月十一届全国人大常委会第十九次会议通过了刑法修正案（八），将醉酒驾车、飙车、拒不支付劳动报酬等行为规定为犯罪，并细化了危害食品安全、生产销售假药和破坏环境资源等方面犯罪的规定。

• 至2011年2月底，除宪法外，全国人大共制定现行有效法律239件，包括刑法、民法、国家机构和其他基本法律……国务院共制定现行有效的行政法规690多件，地方人大共制定地方性法规8 600多件。一个以宪法为统率，由法律、行政法规、地方性法规等多个层次的法律规范构成的中国特色社会主义法律体系已经形成。

材料二：

2011年3月5日，十一届全国人大四次会议开幕，审查了国民经济和社会发展第十二个五年规划纲要草案；审查国务院关于2010年国民经济和社会发展计划执行情况与2011年国民经济和社会发展计划草案的报告；审查国务院关于2010年中央和地方预算执行情况与2011年中央和地方预算草案的报告。

第十一届全国人民代表大会财政经济委员会关于国民经济和社会发展第十二个五年规划纲要草案的审查结果报告认为：纲要草案全面体现了《中共中央关于制定国民经济和社会发展第十二个五年规划的建议》精神，提出了未来五年经济社会发展的指导思想、总体思路、目标任务和重大举措，总体安排积极可行，建议批准国务院提出的《国民经济和社会发展第十二个五年规划纲要（草案）》。

财政经济委员会认为，"十二五"时期是全面建设小康社会的关键时期，要以科学发展为主题，以加快转变经济发展方式为主线，坚持实施扩大内需战略，把扩大消费需求作为战略重点，大力优化投资结构和出口结构，促进经济增长向依靠**消费、投资、出口**协调拉动转变。

材料三：

3月14日，十一届全国人大四次会议举行闭幕会。在提请大会表决的政府工作报告决议草案中，国务院根据代表审议和委员讨论提出的意见和建议进行了修改，共修改9处，其中比较重要的修改有5处。如在报告第二部分"我们要全面改善人民生活"一段，在"人均预期寿命提高1岁"后面，加上"达到74.5岁"，以使人民群众了解这一目标的具体数值，对未来健康和生活更有信心。在"加强节能环保和生态建设"一段，在"加快城镇污水管网、垃圾处理设施的规划和建设，推广污水处理回用"一句后面，加上"加强化学品环境管理"，以有针对性地解决化学品污染问题。

大会还表决了关于全国人民代表大会常务委员会工作报告的决议草案、关于最高人民法院工作报告的决议草案、关于最高人民检察院工作报告的决议草案。下图为会议表决决议草案最后得票情况：

审议主题	赞成票	反对票	弃权票	通过率
审议政府工作报告和"十二五"规划纲要	2 824	42	22	98.54%
听取和审议全国人大常委会工作报告	2 721	99	68	96.49%
听取和审议最高人民法院工作报告	2 172	519	192	80.71%
听取和审议最高人民检察院工作报告	2 210	505	162	81.40%

材料四：

2005年十届全国人大三次会议决定接受江泽民同志关于辞去中华人民共和国中央军事委员会主席职务的请求。会议选举胡锦涛同志为中华人民共和国中央军事委员会主席，并决定补充任命了中华人民共和国中央军事委员会其他组成人员。

2011年十一届全国人大四次会议表决关于确认全国人大常委会接受倪岳峰辞去全国人大常委会委员职务的请求的决定草案。

《我知我师　我爱我师》教学设计

（2014年12月1日　静安区区级公开课）

一、教学目标

1. **知识目标**：了解老师工作的艰辛，理解老师工作的特点和意义，懂得尊敬老师是中华民族的传统美德。

2. **能力目标**：借助"小组协作式探究学习"个别化学习策略，在探究、体验活动中培养合作与交流的能力和分析实际问题的能力。

3. **情感、态度、价值观目标**：认同教师职业所蕴含的教书育人的价值取向；主动增进与老师的感情，尊敬教师，理解教师，体谅教师，用实际行动表达对老师的敬爱之情。

二、教学难点、重点

重点：理解教师工作的特点和意义。

难点：明确教师在学生成长中的作用，激发爱师之情，并转化为爱师之行。

三、课前准备

教师：1. 收集资料制作多媒体课件
　　　　2. 制作学具

学生：1. 开展"老师一天的工作知多少"小调查活动
　　　　2. 开展"了解班主任老师一天的工作"分组探究活动

四、个别化教学策略

小组协作式探究学习模式示意图

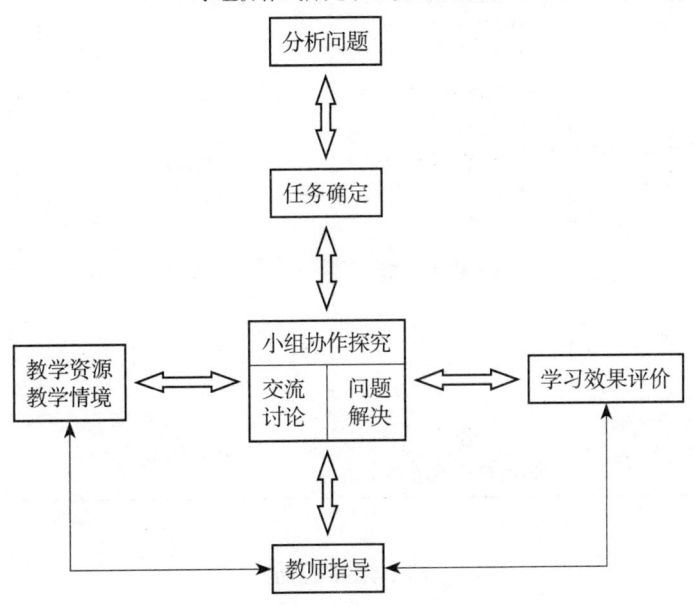

```
                    分析问题
                       ↕
                    任务确定
                       ↕
   教学资源        小组协作探究        学习效果评价
   教学情境  ↔   交流讨论│问题解决  ↔
                       ↕
                    教师指导
```

五、教学流程

教学环节		资源呈现	教师活动	学生活动
新课导入		多媒体投影	Q：长大后你想当老师吗？	实话实说
我知我师	一　了解老师工作的辛苦	1."老师一天的工作知多少"小调查活动 2."了解班主任老师一天的工作"学生分组探究活动（课前完成）	1.分析统计相关调查数据 2.汇总学生小组探究活动成果	分两大组汇报探究活动过程
	二　理解老师工作的意义	多媒体投影	Q：关于老师的比喻，你还知道哪些？ Q：这些比喻说明老师在我们成长中扮演了哪些角色？在人类社会中起到了怎样的作用？	分组讨论后交流发言

（续表）

教学环节		资源呈现	教师活动	学生活动
我爱我师	三 尊敬老师是传统美德	1."程门立雪"的故事 2. 党和国家领导人尊师的图片 3. 普通老百姓尊师的剪影	多媒体投影	1. 讲述"程门立雪"的故事 2. 讲述身边老师的事迹
		"最美教师"赞		
	四 用实际行动尊敬老师	多媒体投影	Q：日常生活中我们应该怎样尊敬老师？	分四个场景讨论后交流发言
		作业 （制作教师节感恩卡）	布置作业	课后完成

六、教学过程

【新课导入】

师：同学们，大家好！今天非常高兴有机会和大家一起讨论关于老师的话题。说起这个话题，我们并不陌生。在我们的成长过程中，除了家人和同学以外，老师是与我们关系最密切的人了。从3岁进幼儿园开始，我们就接触过众多的老师，有人曾经做过一个统计，同学们你们知道吗？

从幼儿园到小学，从小学到中学，接触过那么多的老师，有那么多的老师陪伴着我们成长。那么，老师想问问同学们：长大后你想当老师吗？

学生发言略（正说反说皆可）。

同学们说的都是你们眼中的老师。但现实生活中的老师真的是这个样子的吗？对于从幼儿园就开始引领和陪伴我们成长的老师，我们知道多少？了解老师的辛苦吗？了解老师工作的特点和意义吗？今天，就让我们一起走近并了解我们的老师。

《我知我师　我爱我师》（教学板书）

（环节一：学生汇报，领悟老师工作的辛苦）

师：走近老师，首先要了解老师工作的辛苦。

一、了解老师工作的辛苦（板书）

师：前段时间在同学们中做过关于"老师一天的工作知多少"的一个小调查（展示学生的调查作业），根据调查数据作了一个统计分析，结果发现同学们对老师的工作知之甚少。于是，上两周我们开展了一个"了解班主任老师一天的工作"探究活动（展示学生作业），现在就请同学们说说你们所了解的老师一天的工作状况（学生分两个小组汇报探究结果）。

（第一组学生汇报发言）

（第二组学生发言的同时配上老师的各种工作画面）

师：老师这个行业的辛苦，同学们通过小组探究活动深刻感受到了：当别人还在睡梦中时，老师早已经开始新的一天工作；当别人开始午休时，老师还在教室照看学生；当别人进入梦乡时，老师还在仔细备课、批改作业。许多老师，在双休日还在整日忙着工作。在寒暑假，老师必须进修学习，钻研教育理论和学科专业知识，开展家访工作，组织学生活动，等等。

那么，老师这么辛苦地工作究竟是为了什么呢？带着这个问题，让我们进一步走近老师、理解老师。

（环节二：师生互动，理解老师工作的意义）

二、理解老师工作的意义（板书）

师：说到老师的工作，刚才小刘同学在探究报告中将老师比喻成园丁、泉水、大树……这让我们想到了许多关于老师的耳熟能详的比喻。同学们，类似的比喻，你们还知道哪些？能说说看吗？

园丁、春蚕、蜡烛、工程师、人梯……那么，为什么人们会用这些称谓来比喻老师？

【组织学生分组讨论】学生讨论后交流发言：略。

师：老师是知识的传播者，是现代化建设人才的培育者；也是释疑解惑者，是学生健康成长的引路人；老师还是人类文明的传播者，为国家培养了一批又一批的人才。因此，老师在人类社会的发展和进步中扮演着极为重要的角色，被誉为太阳底下最光辉的职业。

老师的工作是辛苦的也是神圣的，老师是值得人们尊敬的，在我国，尊敬老师从来都是中华民族的传统美德。

（环节三：情境感悟，尊敬老师是中华民族的传统美德）

三、尊敬老师是传统美德（板书）

【多媒体投影】　说说尊敬老师的小故事

师：在中华民族漫长的历史中，尊敬老师已经成为传统美德，涌现出"程门立雪"等尊敬老师的经典故事。现在我们请同学说说这个故事好吗？学生讲故事（略）。

【多媒体投影】（党和国家领导人尊敬老师画面。定时轮回闪现。）

古人如此，现在的党和国家领导人对老师也都极其尊重。毛泽东同志对他的老师徐特立老先生，始终怀着敬仰之情；邓小平同志终生重视教育，尊敬老师；近年来，胡锦涛同志和习近平总书记多次在教师节到学校看望和慰问老师。

【多媒体投影】

师：在民间，每逢教师节，中国的众多家长与百姓也会在微博、微信、QQ、论坛上，道一声"老师，您辛苦了"，向老师致以节日的祝福与问候。

师：老师之所以值得被人尊敬，在于老师有一颗金子般闪闪发光的心，许许多多的英雄老师可以为了学生的安全而不顾个人安危。同学们，还记得2008年的汶川地震吗？在这场天灾中，涌现出了谭千秋、张米亚、汤宏、向倩等一批英雄老师，他们把学生的生命看得高于一切，在危难时刻牺牲自己的生命守护学生。让我们来回顾一下吧……

【多媒体投影】　　最美老师

（在汶川地震中，谭千秋老师张开双臂趴在一张课桌上，死死地护住4个学生；张米亚老师跪仆在地上，双臂紧紧搂着两个学生；汤宏老师两个胳膊下各抓了一个学生，身子下还护着几个学生；向倩老师身体被砸成了三段，而双手搂于胸前紧紧环抱着三名学生；瞿万容老师扑在地上用后背牢牢地挡住了垮塌的水泥板，怀里还死死地抱着一名学生……）

师：这些画面我每看一次内心都会翻腾不已。这样的情景，并不仅仅出现在汶川大地震那一刻，请同学们继续关注一群"最美教师"。

【多媒体投影】

师：这些都是近年来见义勇为救学生献出自己宝贵生命的英雄老师。他们在生死关头，把生的希望留给学生，把死的危险留给自己，用鲜血和生命铸就了伟大的师魂。他们的行为令天地动容，令人荡气回肠，感动不已。正如人民教育家陶行知先生所说那样，他们是捧着一颗心来，不带半根草去。现在，相信同学们的心情与我一样，为英雄的老师所感动着。

这样"捧着一颗心来，不带半根草去"的最美老师，在我们的身边、在我们的班级里也同样存在着。请同学们看两幅照片：这是谁？在干什么？谁能说说事件的整个经过？（校运会上师生齐心协力、互帮互助的照片、作文）

老师的言行让我们深深感动。感动，就要见之于行动。在日常生活中，我们该怎样做到尊敬老师呢？

（环节四：课堂交流，用实际行动表达对老师的敬爱）

四、用实际行动尊敬老师（板书）

师：请同学们议一议，在日常生活中，怎样用实际行动表达对老师的尊敬呢？

【多媒体投影】我们应该怎样尊敬老师？

学生分四个场景讨论发言（略）

【多媒体投影】我们可以这样与老师相处……

师：同学们说得都很好。我们尊敬老师，就要尊重老师的劳动，上课认真听讲，积极参加老师组织的课堂讨论，课后认真完成作业，积极参加各种社会实践活动；尊敬老师，就要听从老师教诲，从老师的教导中感悟人生哲理；尊敬老师，就要在各种场合礼遇老师，真诚表达对老师的爱。

【多媒体投影】感恩卡

【学生活动】完成教师节感恩卡

师：尊敬老师，需要化为实际行动。学了这节课，同学们一定有许多话想对敬爱的老师说吧！那么，就让我们来试着制作一张感恩卡，把你最想对老师说的话，想对最熟悉的老师表达的感恩之情，全部凝练在这张感恩卡上吧。

师：同学们，通过今天的学习，你们深入了解了老师的辛苦，理解了老师的工作特点和意义。请记住：老师永远是同学们可以信赖的朋友，老师永远愿意做鼓舞同学们前进的风帆，老师期待着每一位同学的进步与成功。

"时政热点课"教学设计

【教学目标】

1. 知识目标：引导学生关注、分析当前重大时事政治，了解身边发生的与实际生活密切相关的新闻热点。

2. 能力目标：能结合实际、联系教材，运用所学知识理解、分析时政热点，学会透过现象看清本质，并能积极维护自己的合法利益。

3. 情感态度和价值观目标：培养学生关注社会、关心国家发展的意识和能力，增强社会意识，增强爱国情感，自觉肩负起振兴中华、匹夫有责的责任。

【教学方法】

讲授法与探究法相结合，自主学习、小组讨论、合作学习方式相结合。

【教学手段】多媒体课件、视频、教学案例。

【课前预习】1. 共享单车"花样百出"社会乱象的相关资料；

2. 解码2017年"舌尖关键词"：网络外卖、网红食品等。

【教学设计】

1. 总体思路：把握学生认知实际——整体感知（时政回放）——探原究因——深度思考。

2. 教学过程（导入时政热点新闻）：

活动一：共享单车"花样百出"的社会乱象，呼唤政府企业形成合力，营造良好的社会环境。

自从共享单车走入城市，自行车重新回到了人们生活中。但是，蜂拥而至的单车给城市管理带来了意想不到的挑战，也对公民的素质展开了一场考验。随着共享单车数量激增，马路、小区乱停乱放，肆意破坏的车辆堆积成山……共享单车使用、管理存在的问题层出不穷。请同学们看屏幕（播放幻灯片）……

【教师设问】

问题一：到底是有哪些原因导致了共享单车的乱象？

问题二：你认为治理共享单车乱象主要靠政府还是靠企业？请给出你的合理建议。

问题三：针对治理共享单车乱象，你有什么想法吗？

【学生活动】

针对这三个问题，学生以小组为单位开展合作学习，讨论探究发言后，归纳总结如下：

问题一"到底是有哪些原因导致了共享单车的乱象"的探究结果：导致共享单车乱象的原因众多，主要原因一是企业出于营利的目的生产过多、投放市场过于饱和。二是部分市民自身素质不高，使用共享单车过程中胡乱停放，甚至放入自己家中。三是因为共享单车的押金退还困难，个别人会产生报复心理而肆意破坏共享单车。

问题二"你认为治理共享单车乱象主要靠政府还是靠企业？请给出你的合理建议"的探究结果：治理共享单车的乱象问题，必须从解决共享单车平台的管理问题入手，不能仅靠政府或是仅靠企业，需要政府、企业、个人"三管齐下"共同努力：一是政府要加强宏观调控，加大重视力度，出台相应的法规、制度作出明文规定；二是企业的管理平台应进行技术改造升级，加强对共享单车的精准管理，加大宣传力度，实现对用户使用单车的行为跟踪监控；三是市民要加强自律，提升自身素质，文明用车，从我做起，作出表率；从当下做起，为社会出力。这样，共享时代之下的共享单车才能一路出彩，拥有长远发展，走向美好未来。

问题三的探究学生自主回答略。

活动二：解码2017年"舌尖关键词"：网络外卖、网红食品等。

"网红餐饮店"门前总是排着长队，外卖小哥一到饭点就在大街小巷穿梭……

2017年，网络餐饮服务正在改变我们的生活，点开手机APP，无数美食"闪瞎双眼"，动动手指，外卖就会送上门来……我们的生活在被外卖改变的同时，"外卖餐盒疑被污染""无证餐饮一条街竟成网络外卖大户"等事件频被曝出，令人平添"舌尖上的焦虑"。

【教师设问】

问题一：到底是有哪些原因导致了网红食物频频发生问题？

问题二：如果你遇到问题食物，如何保护自己的合法权益呢？

问题三：如何保证"指尖上的美食"所见即所得，你有什么建议吗？

【学生活动】

针对上述三个问题，学生以小组为单位开展合作学习，讨论探究发言后，归纳总结如下：

问题一"到底是有哪些原因导致了网红食物频频发生问题"的探究结果：网红食物频频发生问题的原因一是某些商家在逐利的目的之下背离了诚信、公平的市场原则做出了损害消费者利益的短视举动，令市场这一只无形之手的自发性、盲目性缺点暴露无遗；二是政府这一只有形之手对市场的监管力度不够，在制定与出台服务消费、信息消费等消费领域的从业法规、制度标准方面，存在着相对滞后、没有及时跟进的现象，距离消费者的消费安全要求尚存距离。同时，执法部门应该加强监管责任、加大执法力度，在本职岗位上履职尽责，保护消费者权益，让消费者免受欺骗之苦！

问题二"如果你遇到问题食物，如何保护自己的合法权益呢"的探究结果：此问主要是引导学生牢固树立消费者权益保护意识，当权益受到侵害时，学会运用各种维权方式或法律途径来维护自身权益：可以拨打消费者维权热线12315；可以保存购物时的证据（凭证、小票、发票）；可以利用教材中所学的《消费者权益保护法》第34条的明确规定，通过五种途径来解决问题。

问题三"如何保证'指尖上的美食'所见即所得，你有什么建议吗"的探究结果：此问属于发散性思维问题，学生答案可以仁者见仁、智者见智，归纳起来，其中心意思必须涵盖如下内容：建议政府充分发挥有形之手的作用；建议商家必须诚信为本，规矩经营，不可以身试法；建议消费者筑牢权益保护意识，切实维护自身权益。

【课堂小结】

师生共同总结：这节课我们对大家感兴趣的"共享单车花样百出的社会乱象"，以及"2017年舌尖关键词"这两个时政热点事件展开了热烈讨论。通过这样的讨论探究，同学们获得了自己的见解与思考，并提出了相应的建议和解决方法，展示了负责任的"天下兴亡，匹夫有责"的主人翁精神。关注时政热点，关心国家大事，人人有责，责无旁贷，让我们从我做起、从现在做起。

【课后作业】 时政小论文（300—500字）

题目：如何让舌尖上的美食更安全？

【课后思考】

关注时政，即关注人类社会生存发展的大事件，或与国家大政方针、社会热点相关的具有重大意义的新闻，或聚焦学生感兴趣的关注点，最好是学生身边发生的事情和学生熟悉的社会环境。时事政治课的学习，一方面能够培养学生关心家国天下、自主学习、合作学习、分析问题、解决问题的能力；另一方面又能帮助学生运用科学的思维方法、透过现象究其本质、理性冷静辩证地看待社会各种问题，为树立正确的世界观、人生观和价值观奠定坚实的基础，增强时代使命感与责任心，提升自身人文素养。

时政课教学从不苟求问题答案的标准性，注重的是过程中学生思维与能力的提升。因此，为提升时政课的实效性，教学过程中，教师对于知识层面的内容，不必过多展开，只需进行适当的引导和点评，注意充分发挥学生的积极性，引导学生主动思考，鼓励学生主动参与探究讨论，激发学生的学习兴趣；同时教学中注意师生的良好互动，让学生在讨论探究中，学会合作、探索问题、领悟道理，增强能力。

2 零星学习的感悟习得

【从教心语】

  我既是一名教师,也是一个学习者。从教师专业发展角度来看,更像是一名孜孜不倦、不停地在吮吸新鲜养料的"成人学生"。教师与"学生"角色转换,是心态的端正、求知的饥渴、发展的欲望。只有先当好一名合格的"学生",才能胜任教好学生的重任。新时代的教师,还应该兴趣广泛,与时尚亲近。与年龄无关,与走进学生心中有关。从教几十年,学习几十载,感慨良多,拾得片断,与大家分享。

学习之甘苦

有幸入选区教育拔尖人才培养项目，人到中年，再拾学习，重新进行自我发展规划，初时有一丝丝如临深渊的紧张感，现在依然是如履薄冰的感觉。希望经过三年的学习后，能迎来如释重负的轻松。

重拾学习，端视学习，有了更多更深的体会与感悟。学习之甘苦，仁者见仁、智者见智：好学者认为学习是一件乐事，乐在其中；厌学者认为学习是一桩苦差，不堪其苦；也有人认为学习是一个苦乐参半、痛并快乐着的过程。我认为学习之甘苦，如人饮水，冷暖自知。这其中的主观影响因素颇多，但学习动机的差异性与学习兴趣的持久性，会直接关乎学习过程的甘与苦。具体表现为：

学习动机的差异性。学习动机，因人而异：有功利型，也有进取型。功利型动机的学习者将学习与短期收益直接挂钩，注重眼前效益，急功近利，一旦发现学习结果不可能一蹴而就，不能轻松摘取果子或是遇上"拦路虎"时，便无法忍耐学习过程中的枯燥乏味，失去了坚持到底的信心与决心，学习自然就成了苦不堪言之事。进取型动机的学习者注重的是学习的长效收益，舍得投入时间与成本，舍得牺牲眼前利益，且毅力过人、耐得住寂寞、经得起失败、有着不达目的誓不罢休的决心与信心。具备如此优秀品质的学习者，参透了学习的本质，悟出了学习的真谛，才有可能在"艰难困苦，玉汝于成"的境界中体验到学习之甘、成功之乐。古今成大事者，莫不历经这一过程。

学习兴趣的持久性。每一个学习者都知道"兴趣是最好的老师"，如果对所学内容毫无兴趣，学习就会流于形式、浮于表面、难以深入、难以透过现象深究事物本质，学习自然便无任何乐趣可言；反之，若是感兴趣的学习，就会舍得投入时间、精力与成本，自觉去研磨、去探究、去寻根问底，学习过程中即便是遇到不懂的地方也会绞尽脑汁给自己的脑袋"加足油、上足弦"，有时甚至会心甘情愿伏案苦读、苦思冥想、通宵达旦、彻夜不眠直至茅塞顿开、豁然开朗，这一切全因兴趣使然。历经这一过程之后，我们就会不以为苦、反以为乐而且其乐无穷。同时亦应清醒看到，学习是一场持久战，贵在坚持，学习兴趣的难能可贵之处也在于它的持久性，若想常拥学习之乐，须得持久长伴左右。

　　总之，学习是一个历练的过程，深受动机、目的、兴趣、方法等因素的影响，伴随着磨难与痛苦，也伴随着欢乐与收获，只有在痛苦中探索，在探索中前行，生命不息、学习不止，方能在前行中收获成功的喜悦与快乐。

　　一直以来，我在这一过程中，边走边悟边收获，痛并快乐着。

学习娱乐两相宜
——以现代VR/AR技术为例

在人类社会发展史上,学习与娱乐曾经是无甚关联的两种社会现象。由于历史原因,人们在头脑中甚至留下了对消遣娱乐的某些偏见。然而,随着社会的不断进步,现代技术的广泛应用,尤其是人工智能时代的来临,娱乐与学习的隔阂正在逐渐消融。有学者提出,今天的学习应增加娱乐功能。因为随着知识时代的到来,人们在工作、学习中的压力也空前增大,有文化的娱乐已成为可以为人们缓释工作压力、增添生活乐趣、提高学习效率的重要渠道。

我颇为欣赏借助娱乐载体开展的个性化学习,这是一种基于多媒体学习存在的自主学习方式,让学习内容有益化、时尚化、兴趣化。比如:传统的可以采用手机截屏、拍照、电脑建立电子文档等自己喜欢的方式保存学习资料;利用多媒体阅读英文作品、观看英语影视节目、欣赏英文歌曲来学习语言。现代的可以利用VR/AR技术 [VR/AR是近年来出现的高新技术。增强现实(AR),是让虚拟的物象和真实世界融合到一起,进而投射或投影到其他装置和介质上的交互影像。即AR是通过对现实的补充、叠加或强化,展示真实世界以及融合在真实世界之中的虚拟信息,从而让观者获得超越现实感知的体验。虚拟现实(VR),也称灵境技术或人工环境,是在计算机系统创建和传感技术所模拟的基础上生成的可交互的虚拟世界。][1] 将学习内容动漫化、娱乐化,创造学习与娱乐的新结合、新热点;可以利用VR/AR技术将教材中的知识扫描和收录进手机、电脑的数据库,进行知识和图像双重通道的认知加工,实现随处可学、随时可学,寓学于乐,创新知识与文化学习的方式;也可以利用VR/AR技术的学习助手帮助学习者管理学习任务和时间,预测未来的学习趋势。

现代科技的迅猛发展,让VR/AR技术这样的多媒体娱乐活动与人类的知识学习方式实现了无缝对接,为学习者带来新的体验与机遇,激发学习者内在兴趣,增强学习的内在驱动力,帮助学习者自发地制定个性化的自主学习方式,让学习更加自觉高效。但同时我们也要清醒地认识到,娱乐毕竟是娱乐,借助娱乐载体进行的个性化学习,在视觉、听觉、触觉等感官上刺激强烈,但感性不能取代理性,它在现实中会存在着学习目的性不强、学习内容不系统、计划制定不完善等问题。在学习过程中如何避免这些问题的困扰,善用VR/AR技术或更多的娱乐方式与学习有机结合,让娱乐方式丰富我们的学习生活,更好地为学习服务,达到寓学于乐、一石二鸟的效果,实现学习娱乐两相宜,是值得热爱新技术、乐用新技术的学习者认真思考的问题。

参考文献:
[1] 焦雨蒙,刘猛,王运武.基于增强现实和虚拟现实的智慧校园建设[J].数字教育,2020(3):72-76.

附录：感人的力量
——导师吴景惠印象点滴

时间过得真快，为期三个月的华东模范中学跟岗学习活动已经结束。回首这段学习、生活的日子，我过得很快乐，也很充实，感受颇深。

一、敬业爱生的师范

学高为师，身正为范。为人师表，不仅要有深厚的知识，还要有正直的思想，时时处处能作表率。教师师德高尚，学生才能"亲其师，信其道"，传道授业才能收到事半功倍的效果。虽然到华模只有短短的三个月时间，但在深入接触中，我深刻感受到了吴老师谦虚诚恳的人品、勤奋钻研的学风和清新可人的教态，油然而生敬佩。

吴老师很忙，她是华模的政治教研组组长，不仅执教高一和高二的政治学科，还担任班主任，同时她还是上海市第三期中小学骨干教师德育实训基地的学员。在这么繁忙的工作中，还能担任我的导师，这看似简单，但却不是常人能够做到的。想想自己，动不动就号称"忙里偷闲"，给自己的松懈和懒惰寻找一个自我安慰的借口，实在惭愧。在跟随吴老师学习的日子里，有一种无形的表率作用在激励着我。

吴老师谦逊待人的作风也深深感染着我。吴老师每次在课后都会认真地同我交流，听取我的意见，从不因我年轻学浅而忽视我。吴老师在开两节市级公开课前，都让我听试讲课，并在课后一起认真磨课，教学相长。俗话说，学问越大越好的人，为人越是谦虚和蔼。我想这说的就是像吴老师这样的人。

她还像亲人一样关心困难学生。这些事迹的确令人感动。对于辛勤耕耘在教育工作第一线的教师来说，师德不是长篇大论的大道理，而是渗透在教育教学过程中的一点一滴，这样会折射出教师的人性光辉、人格魅力，使学生仰慕并心悦诚服。在吴老师身上，就让我感觉到有这样一种感染人的力量。

二、精业教学的示范

学习期间，我除了聆听吴老师的常规教学课外，吴老师还将其在德育实训基地培训时收获的许多学习资料及体会感想都贡献出来，在备课组、教研组活动时与组内教师分享，并开展共同教研，这大大拓展了我听政治课的范畴。可以说，此次华模之行，我不仅开阔了视野，加深了对学科本质的理解，更重要的是让我站在了一个新的高度，从一个新的角度去理解和诠释了我们所热爱的教学。

一是提高了自己的教学水平。三个多月里，观摩了吴老师的每一节课，这些课都围绕二期课改的"三维"目标设计教学，但重点各不相同，有的注重学生基础知识的掌握，有的侧重基本技能的培养，有的注重价值观的引导，这对我提高课堂教学的效率和艺术大有裨益。

二是加深了对教材的理解。我与吴老师的交流中，教材是"媒介"，通过交流，吴老师为我指明了应如何阅读教材、理解教材、处理教材、呈现教材和超越教材的原则与方法，使我茅塞顿开，不再闭门造车，深化了对教材的认知。

三是建立了真挚的师徒情谊。记得一位教育专家曾说过：教师从事的是用生命影响生命的崇高事业。一直以来，我为此心潮澎湃，豪情满怀。华模的跟岗学习不是结束，而是开始。吴老师的学识、思想以及人格魅力给了我无穷的启迪，将会帮助我更好更快地成长，鞭策我在专业发展的道路上不断前行。

华东师范大学松江实验高级中学　查海航
2011 年 12 月 28 日

后　　记

　　《简朴至真　精雕达理——我的教书育人手记》一书在学校的支持下、同行的关心下、朋友的鼓励下，与大家见面了。

　　说是"手记"，其实用"心得"更为妥帖。如要说"记"，确是"记"录了我——一名政治学科教育工作者想要袒露的心路历程。

　　这本书我将从教29年的执教理念、教学经验、科研成果等进行了整理，用"简朴至真　精雕达理"的主线串起来，有利于回顾梳理，也有利于总结提高。

　　我深深感到，自己取得的点滴进步中，浸透着许多教师的集体智慧及其实践的无私奉献，有着学校领导的亲切关心和大力支持；还看到我所任教过的所有学生的殷切目光与深切期待。诚如有一首歌名说得那样，是"你鼓舞了我"。对此，我谨表示诚挚的感谢！我将与已经合作的和未来共同在政治学科教学领域耕耘的教师们一起，继续勤恳劳作，创新发展，探索新路，不断攀登学科育人、教学与科研新高峰。

　　本书是我在长期教学经历中所积累的观念、观点、做法和经验的集成，反映自己的感受领悟和实践探索。能以这样方式与大家交流，以期得到同行的指正，共同推动中学政治学科建设，提高教学水平与创新能力，是我写作的初衷。由于我能力所限，书中难免有疏漏、欠缺之处，敬请包涵。